墨香财经学术文库

"十二五"辽宁省重点图书出版规划项目

U0674523

The Empirical Analysis

of Chinese National Debt Influence on Macro-economy and Risk Early Warning

我国国债对宏观经济影响及风险预警实证分析

单飞 ◎ 著

东北财经大学出版社
Dongbei University of Finance & Economics Press

大连

图书在版编目（CIP）数据

我国国债对宏观经济影响及风险预警实证分析 / 单飞著. 一大连：
东北财经大学出版社，2019.12
（墨香财经学术文库）
ISBN 978-7-5654-3714-4

Ⅰ. 我… Ⅱ. 单… Ⅲ. 国债规模-影响-中国经济-宏观经济分析
Ⅳ. ①F812.5 ②F123.16

中国版本图书馆CIP数据核字（2019）第238245号

东北财经大学出版社出版发行

　　大连市黑石礁尖山街217号　邮政编码　116025
　　网　　　址：http：//www.dufep.cn
　　读者信箱：dufep @ dufe.edu.cn
大连永盛印业有限公司印刷

幅面尺寸：170mm×240mm　字数：128千字　印张：9.25　插页：1
2019年12月第1版　　　　　2019年12月第1次印刷
责任编辑：李　彬　徐　群　责任校对：伊　人　冯志慧
封面设计：冀贵收　　　　　　版式设计：钟福建
定价：42.00元

"东北财经大学'双一流'建设项目
高水平学术专著出版资助计划"资助出版

前言

  随着以希腊债务危机为导火索的欧洲债务危机的愈演愈烈，国债的发行与管理再一次成为了经济学界讨论的热点。事实上，国债在一个国家的经济发展中始终扮演着重要的角色。20世纪80年代初期发生在南美国家的债务危机，90年代发生在俄罗斯以及亚洲的金融危机都与国债危机有关。而美国2011年爆发的债务上限危机，更显示了国债的巨大经济能量。由此可见，只有在符合经济规律的前提下合理使用国债，才能促进宏观经济健康发展。否则，就会导致财政和货币的风险，甚至是经济的崩溃，这一切都是值得我国借鉴的。本书针对政府债务这一当前全球经济发展中存在的热点问题，全面系统地研究了国债对宏观经济增长的影响程度和相关性、国债对通货膨胀的影响程度和定量关系、国债与财政收入的长期均衡与短期波动关系，并做出实证分析。然后，参照国际通用的评价国债风险的指标做出风险研究，对我国国债的风险给出综合判断，这对深刻认识国债的本质、规避国债的风险、科学合理地制定国债政策有着重要的理论价值和实际意义。

  本书首先阐述了选题的背景和意义，总结了关于国债与宏观经济效应的国内外文献，分析了主要的结论和观点，然后对有关国债与宏观经济的理论进行了评述，分析了国际上通用的衡量国债规模的相对指标体系，应用这些指标体系对我国的国债规模进行评价，分析了国债对我国经济建设的作用，为接下来的实证检验打下基础。

随着国债的发行，关于国债对宏观经济影响的研究也逐步深入，在理论上形成了各种派别和观点，实证检验也得出了不尽相同的结论，但至今仍没能达成统一的认识来解释和明确国债对宏观经济的影响程度以及两者之间的相关性。基于理论观点的多元化，选择任何一种理论形式或观点进行实证检验都有可能形成先入为主的结论。因此，本书以先验未知的态度来研究国债对宏观经济的影响以及对相关性进行实证分析。

本书首先从不同角度或以不同的衡量方式选择国债余额、国债发行量、居民消费价格指数 I、工业品出厂价格指数、财政收入等变量，尽可能保证对研究对象有一个准确的测度。然后，对与研究对象相关的变量进行两两分析，从直观图形着手，运用 H-P 滤波方法去除趋势后，计算各个变量的偏离趋势百分比，对比国债规模代替变量与宏观经济效应代替变量之间的偏离趋势图，从图形中得到定量关系，为后面的实证分析做好准备。运用 Granger 因果检验分析变量之间的因果关系，以考察变量之间相互影响的逻辑顺序，并识别变量之间的相关关系。

确定变量之间相互影响的逻辑顺序后，进行进一步的协整分析，并在向量自回归（VAR）模型下通过脉冲响应函数考察变量之间相互影响的路径，最后通过建立误差修正模型分析各个变量之间的长期均衡关系和短期波动特征，以量化各个变量之间影响程度的大小。

在研究过程中从直观图形开始，然后建立计量模型，从短期波动到长期均衡，全面综合考察国债对宏观经济的影响，再利用实证检验，分别研究国债与经济增长效应、国债与通货膨胀效应以及国债与财政收入效应之间可能存在的相互影响关系，以此保证实证分析结论的全面性和可靠性。

鉴于欧洲债务危机的影响，本书在分析了国债对宏观经济的影响后，采用国际通用的警戒指标对我国国债规模进行了风险和预警研究，得出了我国国债规模是安全的结论。

本书得出的主要结论有：

第一，我国国债规模比宏观经济变量波动得更加剧烈，而且与宏观经济之间存在较为显著的相关关系，国债发行促进了国内生产总值的增长，同时可能挤出了私人投资，冲击到了居民消费价格指数和工业品出厂价格指数。另外，国债作为财政收入的一部分，对于弥补财政赤字起到了重要作用。

第二，在1994年中央财政预算制度变革之前，我国国债发行数量较少，而且因为国债的挤出效应，使国债对经济的刺激作用大打折扣。在1994年之后，国债发行量大大增加，与1994年之前对经济的促进作用相比，1994年之后国债对经济的促进作用有所增强，但发行国债的目的是弥补财政赤字，仍然未能有效促进经济的增长。

第三，虽然国债规模与经济增长两者之间存在长期均衡关系，但是国债余额与国债发行量对国内生产总值的影响在大多数方程中都是负向的，说明国债余额与国债发行量的增长将导致国内生产总值的下降，反映了国债对经济的挤出效应。国债与物价指数之间存在较强的相关关系：一方面，国债发行会挤出私人投资，引起投资品价格上涨，同时国债发行对经济的刺激作用会导致物价上涨；另一方面，发行国债会占用货币资金，造成货币供应量减少，导致物价下跌。另外，国债与居民消费价格指数、工业品出厂价格指数之间存在关系断裂的特点，即在1994年之前，国债发行量较少，对宏观经济影响甚微，更不会冲击到物价；但在1994年之后，国债发行量快速增加，进而导致物价上涨，两者之间不仅具有短期关系，而且还形成了长期均衡关系。从财政收入与国债的长期均衡关系和短期波动关系来看，国债规模与财政收入效应之间存在显著的相关关系。不论是在1994年财政预算变革前，还是在1994年之后，财政收入与国债发行量等其他变量之间都存在长期关系，而且财政收入会随着国债发行量的增加而减少。这充分说明了国债的挤出效应，国债的发行挤出了私人投资，使总产出下降，从而使得在财政收入中占很大比例的税收收入下降，最终造成了财政收入下降。

第四，1990—2003年我国国债综合风险总体上呈现逐步上升的趋势，2003年达到顶峰，但一直都没有超过警戒水平。从2004年之后，国债综合风险有了明显下降，2009 年又出现了一次较大幅度的反弹，但是从总体趋势来看，我国国债综合风险仍处于可控范围之内，国债的综合风险程度并不是很高。

本书的创新点主要体现在以下三个方面：

第一，研究分析了我国国债规模与宏观经济的波动性特征及相关关系。从我国宏观经济的三个不同角度，即国内生产总值、通货膨胀和财政收入，利用 H-P 滤波方法、Granger 因果检验和 Johansen 协整检验考察了我国国债规模与宏观经济的波动性特征及相关关系。结论是：我国国债规模的波动较宏观经济的波动更加剧烈，而且与宏观经济之间存在较为显著的相关关系，国债余额对国内经济有一定的刺激作用；国债与物价指数之间存在很强的 Granger 因果关系；国债对弥补财政赤字起到了重要的作用。

第二，从长期和短期的角度分阶段研究了我国国债对宏观经济变量的相互影响程度。利用 Chow 检验方法计算得出国债与宏观经济变量的计量模型在 1994 年基本都存在结构断点，因此对全样本进行分段考虑，以回避断点对估计结果的影响。利用向量自回归模型和脉冲响应函数对国债规模与经济增长、通货膨胀率、财政收入以及相关变量分别建立了 VAR 模型，并进一步利用误差修正模型从国债与宏观经济变量的长期均衡与短期波动关系的角度进行验证。结论是：国债余额的冲击对国内生产总值有长期的促进作用，但国债余额与国债发行量对国内生产总值的影响在大多数方程中都是负向的，说明国债余额与国债发行量的增长将导致国内生产总值的下降。我国国债与物价指数之间存在较强的相关关系，国债发行会刺激经济，同样也会导致物价上涨。另外，我国国债与居民消费价格指数、工业品出厂价格指数之间存在关系断裂的特点，在 1994 年之前，国债发行量较少，对物价冲击不大，但在 1994 年之后，国债发行量快速上升，进而导致物价上涨。我国财政收入与国债发行量等其他变量之间都存在长期均衡关系，而且财政收入会随着国债发行量的增加而减少，这充分说明了国债的挤出效应。

第三，基于预警理论构建了我国的国债风险预警系统。本书选取了国债负担率、国债偿债率、国债依存度、赤字率、国民应债率、国债借债率以及居民应债率七个与国债风险相关的指标，参照国际上公认的警戒线标准和我国国债的具体情况对我国国债综合风险以及各个国债风险预警指标划分预警界限，进一步按照相同比例方法将各个国债风险预警指标值进行指数化并转换为分数值，通过因子分析法赋予各个预警指标权重，得到我国国债的综合风险值，从而判断我国历年国债风险的预警警度。

本书研究的初衷是：基于我国的数据通过实证分析找出国债对宏观经济的影响因素，以建立国债规模的预警分析系统，并在此基础上通过国债与各个宏观经济变量之间的关系找出和建立国债最优规模的模型系统来给出国债的最优发行量的数据，以此为管理部门提供一些参考意见，规避我国可能发生的债务风险，但因具体的数据问题，只能对目前的问题进行研究。在对数据进行详细考证后，将对这一问题进行进一步的研究。

单 飞

2019 年 9 月

目录

第1章　绪论

1.1　选题的背景及意义

1.1.1　选题的背景

2010年以来，债务危机的阴霾笼罩着世界各个发达国家。首先是希腊、爱尔兰，接下来是西班牙、葡萄牙、比利时、意大利等欧元区国家和没有加入欧元区的英国，主权债务危机在欧洲大陆迅速蔓延。与此同时，美国作为世界上最大的经济体，也没有幸免，国际金融危机的爆发使美国政府赤字大幅度上升，国债余额屡创新高。截至2010年9月30日，美国联邦政府债务余额为13.58万亿美元，国内生产总值占比约为94%，同年年底一举突破14万亿美元。2011年2月22日，在可供发债余额仅剩2 180亿美元的时候，美国国会仍未就提高上限达成一致。2011年5月16日，美国国债终于触及国会所允许的14.29万亿美元上限。政府赤字和主权债务危机在全球范围内进一步扩大，世界经济面临着巨大的债务风险。由此可见，国债只有在符合经济规律的前提下合理使用，才能促进宏观经济健康发展；否则，就会导致财政和货币风险，甚至是经济崩溃。

自从国债这种政府融资方式诞生以来，始终是经济学家争论的焦点，最典型的是以亚当·斯密为代表的国债有害论和以凯恩斯为代表的国债有益论。2008年美国次贷危机爆发以来，西方国家的巨额财政赤字和债务危机逐渐显现，赤字财政经济政策的弊端也暴露无遗，国债也就再一次成为了经济学家和民众关注的热点。从美国和欧洲的债务危机可以看出，国债是一把"双刃剑"，只有对其进行科学合理的运用，才能对经济起到积极的推动作用，而像美国那样无度地依赖国债上限的提高来解决财政问题，只能将经济危机向后推延。全球面临的国债管理现实背景是，如何确定国债的最佳规模，防止债务危机，保持宏观经济健康发展。

1.1.2　选题的意义

自1978年我国实行改革开放政策后，经济体制的改革也大刀阔斧地展开。对国有企业的一系列减税让利政策使得财政收入大幅度减少，而此时正逢经济建设的全面展开，所以财政支出也大幅度增加，这就导致了财政收入的入不敷出。在这种背景下，为了解决经济建设和社会发展的资金缺口，1981年我国恢复了国债的发行。当时国债规模并不大，年度发行额还不到100亿元，还不能完全弥补财政赤字的缺口，大部分财政赤字还是要靠中国人民银行以发行货币的形式来弥补。1987年以后，随着社会经济的快速发展，货币信贷投放急剧扩张，经济出现过热现象，通货膨胀也随之产生。政府为了理顺金融秩序，缩减了因财政赤字而向银行透支的货币规模，同时扩大了国债的发行规模。从1993年开始，我国国债发行规模不断扩大，国债在国民经济中的地位和作用日益提高。对政府来说，发行国债除了可以弥补财政赤字和募集经济建设所需资金外，还可以作为宏观经济的调控工具，为财政政策和货币政策服务。同时，对普通投资者来说，国债也被认为是安全的、稳健的投资工具。但是，伴随着国债发行规模的大幅度增长，还本付息额与日俱增，国额债在促进经济增长的同时，也出现了一些令人担忧的问题，主要表现在国债发行规模迅速扩张的同时，财政赤字的增幅也迅速加大，增加了财政的债务支出负担，国债的发行出现了被动增长。大规模的国债在拉动经济增长的同时，通过货币传导机制也加大了货币供应量，必然会推动物价指数的上涨，增加了通货膨胀发生的可能性。基于以上的背景和问题，本书针对政府债务这一当前全球经济发展中存在的热点问题，全面系统研究国债对宏观经济的影响程度、国债与各个宏观经济变量的定量关系，同时对国债与财政收入的长期均衡关系和短期波动关系做出实证分析，然后再根据国际通用的国债风险指标进行风险研究，给出国债风险的综合判断，这对深刻认识国债的本质、科学合理制定国债政策有着重要的理论价值和实际意义。

1.2　文献综述

自从20世纪30年代凯恩斯的经济思想在全球确立其主导地位以来，使用扩张性财政政策以刺激总需求、促进经济增长的做法，成为克服经济衰退的主要对策。正因为如此，有些国家的赤字规模迅速增长，长期积累的债务规模非常庞大。许多学者认为，这其中潜在的债务违约风险也日益增大，国债的规模必须在合理范围内才能保证国债政策的健康持续发展。通过现有的文献可以看出，围绕国债规模和相关的经济问题，国内外理论界进行了大量的研究。

1.2.1　国外文献综述

由于国外发行国债的时间比较长，对国债与宏观经济相互关系的研究也比较深入，主要集中在国债规模及其优化和如何协调财政政策与货币政策、财政赤字的可持续性、国债对宏观经济的影响等方面。其中，国债规模及其优化的研究占据了主要地位，本书主要从以下三个相关方面进行评述。

1.国债的最佳规模探讨

目前，世界上大多数国家都是运用赤字预算的财政政策驱动经济运行的，所以财政赤字对宏观经济有着非常重要的影响。国债规模保持在什么样的水平才能对经济增长有促进作用，国债最优规模的研究是经济理论界一个永恒的课题。很多经济学家在李嘉图等价定理成立的前提假设下，对国债规模进行了探讨。

Bierwag、Grove 和 Khang（1969）得出在均衡状态下和唯一性的条件下，任意政策组合的最优税收同债务序列等价。

Barro（1974）分析了造成李嘉图等价定理偏离的税收扭曲因素，并通过对第一次世界大战以来的美国数据进行实证分析，得出了债务收入比较稳定，政府支出水平对债务发行影响微弱的结论。

Chamley（1985）在 Ramsey（1927）研究的基础上，建立了一个有微观基础的最优扭曲税收国债模型，得出了最优国债水平是不确定的结论，这同 Barro 的结论是一致的。

Bertola 和 Drazen（1993）在考虑了私人消费、公共支出、预期税收的基础上，建立了国债规模上限与下限的模型，并认为国债的最优规模是在上限和下限之间。当国债规模处于下限时，减税和赤字的财政政策会刺激私人消费的扩张；当国债规模达到上限时，减税和赤字的财政政策又会使私人消费紧缩。

Park（1991）在不发行国债的最优税收路径的假设下进行分析，认为根据任意债务税收政策的等价关系，可确定不同债务税收政策的最优国债序列，进而得到了最优国债规模。

Aiyagari 和 McGrattan（1998）对收入不确定性和流动性约束导致李嘉图等价定理不成立情况下的最优国债问题进行研究，认为美国的最优国债负担率走势是没有风险的。

从对以上文献的分析可以看出，从福利分析的角度入手来确定国债最优规模需要确定经济偏离李嘉图等价定理状态的程度及原因，还需要确定国债的相对和绝对经济效用以及总福利函数的表达形式，而实现这些条件的难度是非常大的。因为国债实质上是税收的延迟，所以有的国外学者还从国债的可持续性角度对国债最优规模进行了研究。

Hamilton 和 Flavin（1986）对国债可持续性进行了分析，发现财政赤字和国债规模在遵循平稳过程的条件下，政府跨期预算约束就能得到满足。他们在对 1960—1984 年美国的财政收支数据进行分析的基础上，对财政赤字和国债进行单位根检验,发现两者都是平稳的,所以得出了美国国债满足现值预算约束条件是可持续的结论。

Wilcox（1989）在随机利率情况下对美国政府折现债务的平稳性进行了分析,认为美国债务是不可持续的。Hakkio和Rush（1991）对美国国债可持续性进行研究,也得出了美国国债是不可持续的结论。

由此可知,从国债规模的可持续性来确定国债最优规模也不是一件容易的事,只能检验国债规模是否具有可持续性。如果考虑到随机的经济环境和状态以及相依债券存在的条件,那么就不能对国债的可持续规模进行检验了。

从税收和国债的可持续性角度研究最优国债规模的难度非常大。然而,国债同时还反映了资金的借贷关系,所以鉴于国债规模和债务危机的密切关系,很多学者也从防范国债危机的角度对最优国债规模进行了研究。因为金融危机的爆发与国债有着一定的关系,世界各国金融危机的频繁发生,也使得各国政府提高了对国债风险以及金融与经济安全的重视。

Krugman（1979）应用国际收支模型得出了财政赤字与货币危机密切相关的结论,指出财政赤字与国债的扩张会影响金融的稳定。很多学者还从国债危机的成因与化解方法上进行了研究。

Kitano（2007）对资本控制、国债和货币危机三者的关系进行了研究,得出了资本控制下的高利率会导致国债的成本增加,进而引发金融危机的结论。

Reinhart（2002）在对1979—1999年的美国国债数据进行实证分析的基础上,得出了金融危机会影响债务的违约率的结论。

Goldstein、Kaminsky和Reinhart（1998）,以及Berg等（2004）在对银行危机和货币危机进行研究的基础上,得出了大多数国家在采用浮动汇率制度后货币危机发生的概率已经降低的结论。

Marcos（2007）在Diamond和Dybvig（1983）建立的银行危机模型的基础上,分析了债务危机的自我实现机理,得出了遵照自愿参与的市场机制可以消除因货币危机而导致的债务危机的结论。

Yakita（2008）研究认为,预算赤字与国内生产总值的比值应该保持恒定才是国债的最佳规模。

Hiebert、Pérez 和 Rostagno（2009）研究认为，国债的最佳规模应该按经济周期的规律合理确定预算赤字的约束条件，并以此来决定国债的规模。

2.国债规模与宏观经济

因为国债对宏观经济有着深刻的影响，所以学者们的研究也涉及了经济增长、税率、利率、汇率、通货膨胀率和社会福利等各个方面。

Barro（1976）在讨论李嘉图理论体系中持续赤字是否会导致通货膨胀的问题时，认为由于该种经济不存在挤出效应，因此一旦政府债务存量的增长率超过了产出增长率，持续赤字就会引发通货膨胀。在人口无增长的经济条件下，持续赤字会限制政府未来的课税能力。McCollum（1984）与 Barro 得出了相同的结论。

Knot 和 Hann（1995）在英国、法国、德国、意大利、荷兰五个国家数据的基础上，研究了国债存量与利率的相关性，认为利率与财政赤字是正相关的，国债具有挤出效应。

Sutherland（1997）认为国债水平是财政政策影响人们消费的关键因素，政府应该建立债务稳定机制来保证赤字财政政策的可持续性，国债规模处于临界状态时，必须实施增税计划。

Flster 和 Henrekson（2001）在分析了 23 个国家 1970—1995 年的样本平均数据后，得出的结论是在富裕国家财政支出率、税率与经济增长的关系均为负相关。

Uribe（2002）在无增长模型的基础上，假设经济体由大量相似的家庭组成，在单个家庭的效用函数和预算约束的条件下，研究了税收外生的理性预期均衡状态下价格水平和违约比例的关系，给出了在财政状况的均衡价格水平下避免债务违约的条件是初级预算盈余的折现值等于预算初始值。

Kuttner 和 Posen（2002）在分析了日本 1976—1999 年的国内生产总值、税收、财政支出的时间序列的基础上，运用 VAR 模型，得出了日本国内生产总值关于税收的弹性系数为负，而关于财政支出的弹性系数为正的结论。

Catao 和 Terrones（2005）分析了 107 个国家 1960—2001 年的经济数据，得出了财政赤字与欠发达国家的高通胀之间存在正向关系，与发达国家的低通胀之间不存在关联的结论。

Adam 和 Bevan（2005）在分析了 45 个国家的经济数据后，研究了财政赤字与经济增长之间的关系，并指出赤字率在 1.5% 的水平时，财政赤字对经济增长的促进作用达到最大，但是较高的国债余额却使财政赤字对经济增长的促进作用大大降低。

Annicchiarico（2007）在研究了欧洲区域的相关数据后，应用世代交叠模型证实了较高国债负担率的国家在财政扩张之后随之而来的将是通货膨胀。

Forslund、Lima 和 Panizza（2011）认为国债的存在以及国债的不同期限结构并不会引起通货膨胀。

3.国债的可持续性与风险

财政赤字的可持续性研究是国债规模可持续性研究的重要方面，根据财政收支之间的数量关系可以判断出政府的偿债能力和继续发债的空间。

Quintos（1995）提出财政赤字可持续的充分必要条件是财政收支之间存在协整关系。Gregory 和 Hansen（1996）也得出了同样的结论。

Bohn（1998）指出财政赤字可持续的条件是初级财政盈余率与国债负担率是正相关的。

Cole 和 Kehoe（1998）认为政府是否通过借新债募集资金来偿还旧债，是判断政府债务是否可持续和是否存在债务危机风险的唯一标准。他们通过分析效用函数和预算约束条件建立了量化模型，并应用模型对 1994 年的墨西哥政府债务进行了分析，得出了相对债务规模高于 10% 是债务的危机区域，而相对债务规模高于 65% 就会发生债务违约的结论，这时政府就应该采取积极有效的对策来避免危机的发生。

Issler 和 Lima（2000）采用对财政收支协整检验的方法，检验了巴西财政赤字的可持续性。

Ihori 和 Itaya（2001）研究认为，国债对日本经济产生了非常大的影响，日本的国债规模过大，赤字财政政策难以持续。

Goyal、Khundrakpam 和 Ray（2004）利用 Granger 因果检验和 Johansen 协整检验，对印度中央政府财政赤字的可持续性进行了检验，发现印度中央政府的财政赤字是不可持续的，但在考虑了财政体制转变的因素后，得出了印度中央政府的联合赤字财政具有弱持续性的结论。

Arghyrou 和 Luintel（2007）在考虑财政结构发生变化和财政收支之间呈非线性关系的条件下，对希腊、意大利的财政赤字的可持续性进行了检验。结果发现由于这两个国家的财政体制发生了多次转变，因此财政收支之间的不平衡是沿着非线性路径进行调整的。

Greiner 和 Kauermann（2007）在 Bohn（1998）提出的检验财政赤字可持续性的模型基础上，运用非参数化的方法对美国财政赤字的可持续性进行了检验，认为美国基本财政盈余率与国债负担率之间存在正向的非线性关系，由此得出了美国财政赤字是可持续的结论。随着计量经济技术的发展，检验财政赤字可持续性的方法已经不再以检验财政收支之间是否存在协整关系作为主要依据了。

Liu、Shao 和 Yeager（2009）认为，美国政府用提高上限来缓解债务危机的方法隐藏了很大的风险。

Mehl 和 Reynaud（2010）研究认为，在新兴经济体国家，国债的发展速度超出了国内生产总值的承受力，会出现很大的风险。

在国外文献中，关于国债规模的研究大多是建立在宏观经济理论基础上的，在应用计量经济方法进行实证检验方面表现出了很强的科学性。但是在建立模型时，假设条件太多、太抽象，这就使得结论失去了现实指导意义和应用价值，因此本书在国外学者研究的基础上结合我国实际情况进行改进和应用，对找出国债规模与宏观经济的联系是具有一定的现实意义的。

1.2.2　国内文献综述

自 1981 年我国恢复国债发行以来，国债的最佳规模问题、国债与通货膨胀的关系以及财政收入能否与国债的发行规模保持同步，而不至于出现偿债风险，一直受到国内理论界的关注，1998 年我国实行积极的财政政策后，国债的可持续发展问题更是成为国内理论界关注的焦点，许多国内学者进行了大量的研究，为我国国债的可持续发展打下了良好的基础，本书将从以下几个方面对国内的相关文献进行评述。

1.国债的最佳规模评价指标

关于国债规模与经济协调发展的研究，一直以来都是国内学者研究的一个重点。1998年我国实行积极的财政政策后，有关的研究和探讨更是如雨后春笋般层出不穷，这些研究从不同的角度分析了国债规模的快速发展给经济发展带来的风险，主要分为两大类：

第一类是从国债负担率、国债偿还率、国债依存度以及赤字率等指标入手，采用常规指标分析，把政府视为一个经济主体，从财政收支的角度来探讨政府的债务风险。

张桥云（1997）提出了建立相关监测和预警指标体系的方法，建议判断最佳国债规模的主要指标是国债依存度、相对规模、偿还率、财政分配率和国民应债率五项指标，并且根据国外文献给出前四项指标的警戒线，分别是20%、15%、6%、3%。

张银政（1997）研究了国债规模的衡量指标，主要有国债偿债能力指标和国民应债能力指标，得出了国债规模应当随国民经济规模变动而变动，认为国债的相对规模是研究国债规模的重要指标。

刘溶沧和夏长杰（1998）提出应以国债依存度、国债偿债率、相对规模、居民应债能力四项指标来评价国债的最佳规模。其中，国债偿债率=年还本付息/当年财政收入总额，居民应债能力=国债余额/居民储蓄存款余额。

龚仰树（1998）提出国债是一种借贷行为，国债规模应该受政府财政偿付能力和社会资金供给能力的制约，所以考察国债的数量规模应该在最大限度的情况下，综合考虑政府对债务资金的需求以及对社会经济的影响来确定合理的国债发行量。

对于国债规模指标临界值的选取，主要有两种观点：

以韩文秀（1999）等为代表的学者认为，国外的国债发行时间早，经验比较多，所以可以直接参考如《马斯特里赫特条约》这样借鉴了历史经验教训而得出的财政赤字率小于3%、国债相对规模小于60%的警戒线标准，防止赤字在短期内增加，保持国债规模相对稳定，防范经济风险。

以贾康和江旭东（2000）等为代表的学者则认为，《马斯特里赫特条约》中的警戒线标准并不适合我国的国情，该警戒线标准只是为了让欧共体成员方将财政赤字和债务保持在大致相同的水平上，3%和60%只是成员方的限制线。只要债务融资是为了弥补财政赤字，在利率不提高的情况下，就不会引起通货膨胀。在这种情况下，赤字和债务的规模就可以相对大一些。他们认为作为参考性的预警指标，最主要的警戒线概念应以国家综合负债率不超出60%～70%、最大债务负担率不超出90%～100%为标准。

第二类是从影响国债规模的因素出发，以我国国债发行的实际数据为基础，预测国债规模的变化趋势。

樊纲（1999）提出"国家综合负债"和"国家综合金融风险"的概念，并由此来判断我国现有的债务规模和风险。

刘邦弛（2001）研究认为，影响国债发行的因素主要包括国内生产总值、国家财政偿还能力、国债发行量、居民应债能力等，而最主要的因素还是国内生产总值。

黄坤（2001）研究认为，财政赤字、国债还本付息额、国债余额、政府偿债能力等都是影响国债规模的重要因素，持有相同观点的还有邢大伟（2003）等。

高勇强和贺远琼（2003）研究的结果是，广义货币数量、利率水平等都是影响国债发行规模的重要因素。

纪凤兰和张巍（2004）则认为，财政赤字与还本付息额均是影响国债发行规模的最重要因素。

吕冰洋和崔兴芳（2005）在实证分析了影响我国国债发行规模的各种经济变量的基础上，得出了影响国债发行规模的主要因素有债务余额、国内生产总值、财政收支和赤字水平。

周四军和谢腾云（2006）在计量经济模型的基础上，得出了国家财政收支差额和还本付息额均是影响我国国债发行规模的最主要因素的结论。

司吉红（2006）利用多元线性回归方法，定量分析了国债发行规模与各个宏观经济因素之间的关系，认为影响国债发行规模的两个重要因素是居民储蓄和国民生产总值。

2.国债规模与宏观经济

20世纪80年代中期以后，我国出现了通货膨胀现象。而此时也是国债恢复发行不长时间，所以国内学者关于国债对宏观经济的影响研究较多的是国债的挤出效应和通胀效应，到了20世纪90年代中期已经形成了各自的理论体系。

姚新民（1995）认为发行国债可以抑制通货膨胀，并提出发行国债可以引导社会资金的分流，减少社会货币流通量，直接增加货币回笼，减少货币的发行，实现抑制通货膨胀的货币政策目标，因此应在充分发挥国债功能的基础上，适当扩大国债发行规模。

邓燕和高见等（1996）认为，用国债来弥补财政赤字的政策仍然会导致通货膨胀，这是因为弥补财政赤字的方式只不过是由中央银行的透支改为商业银行向中央银行的贴现，导致货币供应量增加，再通过货币乘数的作用加以放大，从而拉动社会需求的增加，引起物价上涨。

邓子基和杜放（1996）也发表了文章强调要严格控制国债规模，防止通货膨胀。

李达昌等（1996）通过回归分析得出了经济增长是引发通货膨胀的首要因素，货币供应量对通货膨胀的影响远远超出财政赤字的结论。

袁磊（1996）则指出，我国经济发展的特殊性、通货膨胀的特殊成因不同于西方国家的财政、银行体系，决定了我国国债与通货膨胀之间存在特殊的联系，因此如果政府发行国债过多，银行要注意调整货币政策以确保流通中的货币数量不会大幅度增加。

财政部财政科研所《财政赤字与国债研究》课题组（1998）通过比较国债与财政收入的增幅，发现了国债的增长与财政收入的增长之间不存在密切的关系，进而指出在判断国债安全规模时，应采用国债依存度、偿债率、相对规模、债务支出中消费性支出所占比率等指标。

阎坤（2000）指出，当财政赤字与国债规模达到一定程度后，政府信用就会有所动摇，一旦政府通过国债实现不了预期的目标，就只有靠发行货币来筹集资金，最终结果无疑会导致恶性通货膨胀。

陈时兴（2001）在考察了1986—1998年我国国内债务余额增长率和货币供给量增长率与通货膨胀率的变动趋势后，认为我国国内债务余额增长率与通货膨胀率之间存在大体相同的变动特征，国内债务余额增长率增加会导致通货膨胀率上升。

郭庆旺和赵志耘（2002）认为，我国的国债发行成为了低通货膨胀的发展手段。

罗嗣红（2003）认为，公共部门投资的增加并未对民间投资产生挤出效应，而得出了挤出效应会随着国债还本付息期限的延长而增强的结论，所以发行长期国债是对国民经济发展非常有利的。

宋福铁（2004）使用Granger因果检验的方法，实证了我国国债融资对私人投资的影响，得出了我国国债融资并未对私人投资产生挤出效应的结论。

叶汉生和林桢（2004）从国债需求、国民经济的应债能力、财政的偿债能力等方面考察了我国国债规模，认为我国正面临巨大的债务压力和潜在的债务违约风险。

杨文奇和李艳（2005）根据对投资主体的相关性分析和国债投资方向的聚类分析，得出了国债发行不仅没有对民间投资产生挤出作用，而且有很大的带动作用的结论。

赵毅（2005）认为，维持足够的国债规模既可以化解潜在的债务风险，又能够推动国债市场和整个金融体系的发展与完善。

王维国和杨晓华（2006）建立了我国国债和经济增长的模型，研究认为我国国债的主要用途是在公共投资时可以促进经济增长，同时认为目前我国的国债负担水平并没有构成太大的风险。

麦元勋（2006）以财政负债率作为衡量国债规模的风险指标，运用动态理论模型，得出了我国正面临比较严峻的国债风险的结论。

许雄奇和胡兵（2006）通过VAR模型实证，认为通货膨胀率是货币供给量产生的主要原因。

马拴友、于红霞和陈启清（2006）在参考前人成果的基础上，实证得出了国债规模对通货膨胀的影响几乎为零的结论。

洪源和罗宏斌（2007）在构建财政赤字与通货膨胀联系机制的理论基础上，研究认为由于财政赤字的规模在适度的范围内，因此财政赤字并不是通货膨胀产生的根本原因。

郭玉清（2007）认为，我国财政周期性波动中的财政赤字波动对宏观经济产生了明显的稳定效应，并随着市场经济的逐步完善，政府调控经济运行的能力会逐步增强。

陈浪南和杨子晖（2007）认为，政府的公共投资挤进了私人投资，而社会文教费的支出则挤出了私人投资。

李永友和周达军（2007）研究认为，我国财政政策通过利率机制对私人部门投资需求产生的挤出效应非常小。

董莉莎和朱映瑜（2011）基于面板数据模型对宏观经济变量与国债风险溢价的影响进行了实证研究，认为通货膨胀对国债风险溢价水平的影响较大。

3.国债的可持续性与风险

鉴于从国债的指标和金融特性上分析国债的最佳规模有一定的难度，我国有的学者提出了从国债的可持续性与风险方面来分析国债的最优规模。

叶汉生和林桢（2004）在考察了我国的国债规模后，提出了分析我国国债信用风险应该从反映国民经济应债能力的国债负担率、国债借债率、居民应债率、国债依存度、国债偿债率和国家综合负债率指标入手，并且认为我国国债规模扩张过快，面临着巨大的债务压力和潜在风险。

赵毅（2005）认为，国债在现代市场经济体系中发挥着重要的作用，从我国的实际情况出发，将隐性债务逐步公开化，潜在的债务风险是可以解决的，而且国债市场会推动整个金融体系的发展与完善。

李伟（2009）通过对我国国债风险状况的实证考察，建立了"赤字-债务"均衡模型和评估公共部门偿债能力模型，并给出了相关政策效应的最终解释。

陈海秋、王涛和魏薇（2009）认为，国债是财政政策的工具之一，国债的风险主要体现在债务规模是否是国家的财力所能承担的，在不同的经济环境下，适度的国债规模也表现出不同的水平。

其他国内学者如管圣义和刘邦驰（1999）、孙敬水和朱云高（2000）、陈志勇（2000）、魏陆（2001）、丁忠明（2001）、程萍（2002）、靳俐（2002）、曾军（2003）、靳俐和杨志勇（2003）等也分别应用国债负担率、国债借债率、居民应债率、国债依存度、国债偿债率、债务支出收入比等指标对国债规模的风险进行了相应的研究。

在国内文献中，关于国债对宏观经济影响的研究，大多是通过探讨国债规模的最佳指标和满足的条件来分析国债的可持续性和违约风险。关于实证分析的文献，由于我国国债发行的时间较短，只能用前十几年的数据分析国债与各个宏观经济变量之间的关系，因此不能完全反映出变量之间的趋势性。

1.3　研究的思路和方法

关于国债对宏观经济影响的研究是伴随着国债的发行开始的，尽管在理论上形成了各种派别和观点，实证检验也得出了不同的结论，但是至今仍没能达成统一的认识来解释和明确国债对宏观经济的影响程度以及两者之间的相关性。基于理论观点的多元化，选择任何一种理论形式或观点进行实证检验都有可能形成先入为主的结论。因此，本书以先验未知的态度来研究国债对宏观经济的影响，并进行相关性的实证分析。

本书首先从不同角度或不同的衡量方式选择国债与各个宏观经济影响因素的代替变量，尽可能保证对研究对象有一个准确的测度。然后，对研究对象对应的不同变量进行两两分析，先从简单的直观图形着手，运用H-P滤波方法去除趋势后，计算各个变量的偏离趋势百分比，对比国债规模代替变量与宏观经济效应代替变量之间的偏离趋势图，从图形上初步识别变量之间的关系，为后面的定量分析做好准备。最后，在定性分析的基础上，运用Granger因果检验对变量进行因果分析，以考察变量之间相互影响的逻辑顺序，同时也可以识别变量之间的短期关系。

若确定了变量之间相互影响的逻辑顺序后，仍没有完全回答变量之间的影响程度，则需要进一步对变量在非平稳状态下进行协整分析，并在向量自回归（VAR）模型下通过脉冲响应函数考察变量之间的相互影响路径，通过建立误差修正模型分析各个变量之间的长期均衡关系和短期波动特征，以量化各个变量之间影响程度的大小。

在研究过程中不局限于变量之间的某种单一关系，从直观定量的图形分析入手，到最后建立计量模型，从短期波动和长期均衡的角度来考察国债对宏观经济的影响，实证分析国债与经济增长效应、国债与通货膨胀效应以及国债与财政收入效应之间可能存在的众多关系，保证实证分析结论的全面性和可靠性。

鉴于欧洲债务危机的影响，本书在分析了国债对宏观经济的影响后，采用国际通用指标对我国的国债规模进行了风险和预警研究，得出了我国国债规模是安全的结论。

1.4　本书结构

本书首先在分析研究国内外有关国债对宏观经济影响的文献的基础上，对现有的研究进行了归纳总结。然后，围绕国债对宏观经济的影响以及我国国债的风险展开论述。

本书共分为7章，具体内容如下：

第1章，绪论。首先，阐述了研究的背景和意义。然后，对现有的文献进行分析和总结，在此基础上，给出本书的研究思路与方法。

第2章，国债的宏观经济效应理论及评价国债规模的指标体系。首先，对国债发行以来各个时期的经济学家关于国债对宏观经济影响的经济学理论进行分析和总结。然后，回顾了国债在我国的发展历史以及国债对我国各个时期的宏观经济的影响。最后，列出国际上通用的评价国债规模的指标体系，并分析了这些指标在我国的运行趋势及图解。

第3章，国债与宏观经济的波动特征及相关关系分析。首先，对本章及后面各章将要用到的数据来源、变量名称进行列表说明，并且对这些变量进行处理和单位根检验。在此基础上对国债与宏观经济的协整关系进行分析，并对国债与国内生产总值、物价指数、财政收入之间的关系进行了协整检验。然后，应用H-P滤波方法对国债与宏观经济变量中的国内生产总值、物价指数和财政收入进行了趋势偏离分析。最后，对国债与国内生产总值、国债与物价指数和国债与财政收入进行了Granger因果检验。

第4章，国债规模对宏观经济冲击效应的实证分析。本章应用向量自回归模型实证分析了国债余额和国债发行量对经济增长的冲击效应、国债发行量对财政收入的冲击效应和国债发行量对财政赤字的冲击效应，同时还通过脉冲响应函数考察了国债规模与经济增长之间、国债发行量与财政收入之间以及国债发行量与财政赤字之间的影响路径。

第5章，国债规模与宏观经济的长期均衡和短期波动分析。首先，应用协整检验分析了国债余额对经济增长的影响、国债发行量对经济增长的影响、国债余额对CPI的影响、国债发行量对CPI的影响以及国债余额对PPI的影响和国债发行量对PPI的影响。然后，利用误差修正模型研究了国债规模与财政收入之间的短期波动和长期均衡的关系。

第6章，国债的风险及预警分析。本章在前文分析了国债对宏观经济的影响的基础上，利用第2章介绍过的评价国债规模的指标体系对我国国债规模做出了预警分析。首先，介绍了构建预警分析的基本步骤与方法，根据我国实际情况给出各个指标的预警值。然后，对指标值进行权重处理，根据处理得到的数据对我国国债进行综合风险分析。

第7章，结论与政策建议。首先，给出了实证结果的分析与总结，并提出了相应的政策建议。然后，对本书的创新点与不足之处以及接下来要进行的工作做了说明。

第2章　国债的宏观经济效应理论及评价国债规模的指标体系

2.1　国债的宏观经济效应理论①

从国债的经济效应理论的发展历程来看，在不同的社会环境下，国债的宏观经济效应理论有着不同的发展。陈述和分析这些理论，对研究我国的国债对宏观经济的影响有着重要的意义。

2.1.1　古典经济学的国债与宏观经济效应理论

关于国债对宏观经济影响的理论最早起源于欧洲，当时大多数西方古典经济学家对国债基本上是持否定态度的，在他们看来发行国债不仅使国家经济命脉受他人控制，而且极大地损害了国家的形象。

---

① 关于国债的宏观经济效应理论本书主要参考了以下文献：

　a.亨特 E K. 经济思想史——一种批判性的视角 [M]. 颜鹏飞，译. 上海：上海财经大学出版社，2007.

　b.伊特韦尔，等. 新帕尔格雷夫经济学大词典 [M]. 北京：经济科学出版社，1996.

　c.参考文献中经济学家的原著或译著.

　　法国经济学家吉恩·博丹（Jean Bodin，1530—1596）在《国家论》一书中阐述了他的主要观点：国家的主要财源应该是土地出租、关税收入以及赋税收入等。为了避免国家财政崩溃以及对国民经济发展的影响，国家应避免举借国债。

　　英国经济学家大卫·休谟（David Hume，1711—1776）的观点是国债根本没有存在的意义。他认为国家发行国债等同于多发纸币，必然会引起通货膨胀，增加劳动者的负担。"国债亡国论"是他的主要观点。他关于国债的基本思想成为了整个古典学派的国债理论的基础。

　　英国经济学家亚当·斯密（Adam Smith，1723—1790）非常赞同大卫·休谟的观点，也提出了国债对经济发展有害的理论观点。他在《国民财富的性质和原因的研究》一书中阐述了他关于国债的主要观点：如果没有战争等重大突发的财政支出，国家就不应该举债，否则会极大地损害国家和民众的利益。他认为政府的债务达到一定规模时就会根本无法偿还，国家只能依靠通货膨胀等手段侵吞私人财产。如果国家平时实行紧缩的财政政策，在战时紧急的情况下就不用举债，而除了在战时，国家举债没有任何积极的作用和意义。发行国债会消耗生产性资本，短期内增加了收入，但是从长期来看，公众的负担会因为全社会的资本存量减少而加重，从而社会负担被转移给了下一代。税收融资比发行国债能更有效防止战争的发生，举借国债使人们看不清政府的财政政策的经济效果。即便税收和支付国债的利息总额相等，高税率带来的效率低下和对投资的挤出效应也给经济运行带来了严重的负担。当国债规模过大而导致高额税收时，应该削减政府支出。亚当·斯密的国债思想对古典经济学的国债理论发展影响深远。

　　英国古典经济学家大卫·李嘉图（David Ricardo，1772—1823）也反对政府举借国债。他认为国债的存在阻碍了经济的发展，对国家来说是"空前无比的灾祸"。他在《政治经济学及赋税原理》一书中阐述了他的基本观点：在理论上，政府征税和举借国债是等价的。李嘉图等价思想在20世纪70年代被巴罗（Barro，1944—）和布坎南（Buchanan，1919—2013）定义为李嘉图等价定理。

　　法国经济学家让·巴蒂斯特·萨伊（Jean Baptiste Say，

1767—1832）非常支持亚当·斯密的观点，坚决反对政府举债和赤字财政。他在亚当·斯密和李嘉图理论的基础上，进一步研究认为个人借债和政府借债有着根本的区别。个人借债一般是以生产或盈利为目的的，政府借债则是为了非生产性开支，但是政府支出和私人消费并没有本质的区别，两者都会造成价值的消失和财富的损失。因为限制政府开支和限制个人消费一样，都可以加大工商业资本积累，所以同样应该受到重视。他反对把国家债券和有价证券看成是社会现有的实际价值和真实财富，并认为任何有价证券都是虚假的资本。

虽然英国古典经济学家约翰·斯图亚特·穆勒（John Stuart Mill，1806—1873）也认为发行国债会对国民经济的发展造成损害，但是如果政府把国债卖给了外国投资者，或者是国内闲置资本，则发行国债对本国是无害的。他认为国债是否有害可以通过市场利率的升降来判断。如果发行国债导致市场利率上升，则发行国债是有害的；如果发行国债导致市场利率保持不变，则发行国债的危害就较小。他的这一观点比其他古典经济学家的观点又前进了一步。

2.1.2 凯恩斯主义的国债与宏观经济效应理论

在古典经济学家中，英国人托马斯·罗伯特·马尔萨斯（Thomas Robert Malthus，1766—1834）是少有的对发行国债持赞同态度的人。他最早提出了过度储蓄有可能破坏供给自动创造需求的理论，正是这一理论奠定了后来的凯恩斯国债理论的基础。他认为政府发行国债能够增加有效需求，发行国债具有再分配的功能，能够有效刺激生产力的发展。他还指出大规模削减国债规模会破坏商品和劳动力的交换价值进而损害整个经济。

德国经济学家卡尔·迪策尔（Karl Ditzel 1829—1894）认为从宏观经济总体的角度考虑，国债具有生产性，能够促进国民经济发展。他认为国债用于投资支出时都是生产性的，发行国债与发展货币信用经济或者商业经济一样，都会促使国家进一步加速发展，因此国家应该以国债促进资本积累，扩大再生产。他的这些观点成为德国国债理论的基础。

德国经济学家阿道夫·瓦格纳（Adolf Wagner，1835—1917）在1877年出版的《财政学》一书中提出了他的主要观点：国家经济迅速增长的趋势会导致政府支出的增加和财政收支失衡。国家活动的本身就具有生产性，扩大财政支出和发行国债都有益于社会的发展。发行国债可以弥补预算赤字，在经济停滞时期，政府发行国债能够吸收闲置资本，避免投机性的经济危机，而借入国外资本能够起到增加国内资本的作用。

20世纪30年代，在经历了世界性经济危机后，资本主义的经济大萧条使国债理论得到了重大发展，现代国债理论初具雏形。随着资本主义经济由自由竞争进入垄断阶段，经济危机的爆发使得资产阶级对资本主义经济体系存在稳定机制产生了怀疑，认识到了政府干预经济的必要性，这一切都从客观上要求资本主义摒弃传统的财政政策以灵活应对危机的产生。在这种背景下，凯恩斯主义应运而生，为资本主义国家利用财政政策（如实行财政赤字、发行国债等）直接干预经济活动以实现社会总供给与总需求的平衡提供了一系列的政策和理论依据。

英国经济学家约翰·梅纳德·凯恩斯（John Maynard Keynes，1883—1946）研究认为，经济大萧条主要是由于消费不足和投资萎缩这两项因素造成的，政府只有通过有效的财政政策来扩大有效的需求才能够保证充分就业和繁荣，因此财政赤字政策是最好的选择，政府应该大量增发国债来弥补财政赤字，同时还可以扩大需求和刺激经济增长，国债的发行还可以作为调节和干预经济的重要手段来引导社会闲置资源的合理配置。他在1936年出版的《就业、利息和货币通论》一书中阐述了他的主要观点：在有效需求不足的情况下，政府通过发行国债来筹集资金，能够扩大有效需求，给国民经济增长提供动力。经济危机时期发行国债是促进经济增长的最好的政策工具。国债的发行不会把偿还的负担留给下一代，因为国债的发行促使资本和消费的增加，从而留给下一代的财富也在增加。因此，凯恩斯国债理论又被称为"相机抉择"理论。凯恩斯国债理论从20世纪30年代开始占据了统治地位。

美国著名经济学家阿尔文·汉森（Alvin Hansen，1887—1975）指出，国债的发行可以预防经济的大萧条，实现充分就业，促进社会经济繁荣发展，增加国民收入。他在1949年出版的《货币理论与财政政策》

一书中阐述了他的主要观点：社会收入只有随着生产力的增长而增加，才能保证社会不会面临失业的问题。失业高企的社会是不稳定的，政府有义务促进国民收入增长，而且增加国民收入是政府考虑债务问题的必要条件。他提出在经济衰退时，政府应该执行增加赤字的财政政策，扩大国债发行来增加公共支出，刺激宏观经济回升。在经济繁荣时期，政府应该削减国债的发行，从而减少公共支出，实现财政平衡或有所盈余，并以盈余补偿经济衰退时期的赤字，从而抑制通货膨胀。他对国债理论的最大贡献是提出了保持国债规模变化与经济波动变化相一致的观点。

美国经济学家阿巴·P.勒纳（Abba Ptachya Lerner，1903—1982）进一步发展了凯恩斯国债理论，他指出充分就业状态的社会不可能总是存在的，政府应该从控制总需求入手，以保持总需求达到充分就业时的总产出量。他认为发行国债应该是政府调整利率的工具。若政府支出一定，且投资合理，则税收的目的应该是使消费需求和充分就业的产出剩余部分相等。他还认为财政赤字应该完全通过发行货币来弥补。

美国经济学家保罗·萨缪尔森（Paul A.Samuelson，1915—2009）在凯恩斯主义的国债思想的基础上，又进一步完善了国债理论。他认为在经济衰退时期，政府应该增加支出，增加赤字预算。他提出了国债三大功能说，即弥补财政赤字、直接影响消费和投资、提供中央银行公开市场业务的货币储备。他还提出控制国债数量可以对利息的升降进行调节，从而调节货币流量。由此可见，国债具有放大货币政策的作用。他指出如果发行国债是为了进行投资，并增加了资本的总量，那么国债的发行就是对经济运行有益的，而不是给社会经济增加负担；相反，如果发行国债只是为了刺激消费，则会导致现有资本数量的减少，甚至引起通货膨胀，反而成为了经济发展的负担。

美国经济学家彼得·伯恩斯坦（Peter Bernstein，1919—2009）在1989年出版的《国债和赤字》一书中阐述了他的主要观点：发行国债是弥补财政赤字的有效途径，国债是建立在国家的经济实力基础上的。发行国债不会成为下一代的负担而使其变得贫困，偿还国债的资本只不过是从一部分美国人的手里转移到了另一部分美国人的手里，为了给即将到期的国债提供资金周转，可以发行新的国债替代即将到期的国债。

2.1.3 新古典经济学的国债与宏观经济效应理论

从 20 世纪 70 年代开始，发达资本主义国家出现了"滞涨"的现象，这在经济理论领域又掀起了对凯恩斯国债理论的反思热潮。

詹姆斯·麦吉尔·布坎南（James Mcgill Buchanan，1919—2013）对凯恩斯国债理论提出了批评。他反对只看到国债积极的作用，认为对国债的作用应该具体分析。他在 1986 年出版的《自由、市场与国家》一书中指出：采取发行国债的方式来扩大公共消费，其实就是用未来收入在当前消费，一样会消耗掉资产的价值，国债的发行减少了社会财富。他在对《巴罗的〈论李嘉图等价定理〉》的评论中首次使用了"李嘉图等价定理"这一概念来表达他的理论。

弗兰克·莫迪利亚尼（Franco Modigliani，1918—2003）也对国债没有负担的观点提出了批评，认为国债的实际负担一定会转移给下一代，而且发行国债还会给国家带来负担。不仅应该看国债的发行给国家带来的负担的大小，还应该看国债的发行给下一代人带来的资本存量的多少，而不是任何其他标准。他还认为发行国债一定会因为产生挤出效应而减少国民将来的收入，即使在充分就业的背景下，发行国债的数量也会相应地使民间资本的形成等额减少，而征税只是使消费减少，对储蓄和民间资本形成的消耗程度要小得多。

新古典主义经济学家罗伯特·巴罗（Robert Barro，1944— ）1974年发表了《政府债券是净财富吗？》一文，在文中他用数学方法证明了李嘉图等价定理，即政府支出的资金采取征税或者发行国债来筹集是等价的。同时，他还指出赤字财政会给社会经济带来很多危害，并认为财政支出成本太高会导致经济中的资源被政府无效率使用。

美国经济学家彼得·戴蒙德（Peter A. Diamond，1940— ）在研究了财政赤字和国债的关系后，认为国债负担率不断升高降低了资本与劳动的比率。他提出假设利率水平不变，则全社会的资本量超出公众愿意投资的资本总量时，就会失去平衡，提高利率是必然的选择，而利率的提高又增加了人们的储蓄意愿，从而减少了投资，可见财政赤字产生了挤出效应。

美国新古典综合派的代表詹姆斯·托宾（James Tobin，1918—2002）认为理论和现实的脱节使得李嘉图等价定理失去了作用。他认为对政府而言，凯恩斯的国债理论是正确的。他指出以巴罗为代表的"李嘉图主义者"将针对公司资本结构的 MM 定理拓展到政府经济活动领域，却忽视了社会机构的应有作用。他还认为凯恩斯主义"相机抉择"的财政政策在长期均衡和短期波动中都是有效的。

2.1.4　现代经济学的国债与宏观经济效应理论

进入到 20 世纪 80 年代，随着西方国家的经济形势和经济政策的变化，研究经济理论的学者们的认识也在争论中不断深化，更加切合实际的、创新的经济理论也不断产生。

美国经济学家约瑟夫·尤金·斯蒂格利茨（Joseph Eugene Stiglitz，1943—）研究了美国居高不下的财政赤字伴随着高额贸易赤字的现象，对国债理论给出了新的解释。他根据国债的用途分析了国债的问题，认为政府为建设长期使用的公共设施而发行国债是正当的，但如果政府只是为了没有经济效益的支出发行国债，不仅会影响人们的生活质量，而且当长期积累下来的政府债务最终超越其偿债能力时，就会影响其未来的借债能力。他在开放经济条件下应用资本市场要素分析了国债的影响因素，解释了美国自 20 世纪 80 年代开始产生"双赤字"的原因，这也是他对国债理论的最大贡献。在全球化的经济背景下，斯蒂格利茨从美国预算赤字的变化和贸易赤字的联动关系以及预算赤字与政府债务的联动关系中，用金融理论和方法丰富了国债理论。

德国经济学家鲁迪格·多恩布什（Rudiger Dornbusch，1942—2002）研究得出，政府部门在处理通胀问题时，通常都是使用紧缩的货币政策，而紧缩的货币政策使得国债利息随之升高，也使得政府支付国债存量的利息增加，更加重了财政赤字的压力。同时，高利率带来的赤字增加又使得政府债务增加，从而形成了一个恶性循环。而实际上政府部门在应用财政政策时并不像凯恩斯国债理论设想的那样，繁荣时期财政支出会减少，财政收入会增加，从而赤字下降，债务减少。

因为政治的干扰，减少财政支出非常困难，增加税收也会受到民众的反对，所以即使在繁荣时期赤字和债务也居高不下。

美国经济学家托马斯·J.萨金特（Thomas J. Sargent，1943—）认为国债发行的持续增长，势必导致利息的不断增加，只是借新债还旧债的循环过程就会使得国债规模不断膨胀，从而导致税收收入根本无法偿还巨大的国债余额，最后只能是政府向中央银行透支或借款来解决，而这种做法又不可避免地导致货币的被迫增发，引起通货膨胀。他指出发行国债弥补财政赤字比货币融资方式更能引起通货膨胀，进而阻碍经济的发展。

哈维·罗森（Harvey S. Rosen，1949—）赞同李嘉图等价定理，他研究认为政府发行国债融资与加大税收维持经济与管理的运行效果是一样的，只不过是时间上的区别，通过征税维持政府开支是一次性的，而通过国债融资满足政府开支需要的方式相当于把一次性大量征税分摊到了债务的存续期内，只是从效率上考虑会有不同的偏好。

国债与宏观经济的关系始终是各个时代的经济学家争论的焦点，从反对国债的发行到"相机抉择"理论，国债的理论向前迈进了一大步，也给社会经济的进步带来了新契机。2010年以来，随着美国国债上限危机和欧洲债务危机的爆发，经济学家们对如何应对国债的风险以及怎样才能合理测定国债的规模又提出了新的思考，不过这些理论在探讨理想的国债规模时，一般都是以李嘉图等价定理或者凯恩斯国债理论为基础的。

2.2　我国国债对宏观经济作用的回顾[①]

我国于1950年开始发行国债，但是由于意识形态的原因到1958年就停止了发行，直到1981年才恢复。因此，按时间先后，我国的国债发行可以分为两个阶段：第一个阶段是1950—1958年；第二个

---

① 关于我国国债对宏观经济的作用及分期各个文献不尽相同，本书主要参考了以下文献：
　a.刘邦驰. 国债与经济运行 [J]. 中国财政，2001（6）：7-9.
　b.白积洋. 国债政策对经济增长的作用机制研究——基于中国金融发展的计量检验 [J]. 经济前沿，2009（7）：40-49.
　c.数据都出自《中国统计年鉴》各期。

阶段是1981年恢复发行国债至今。

2.2.1 建国初期发行国债振兴经济阶段

1950年我国刚解放，国民经济已然崩溃，要想恢复国民经济必须投入资金。而中央政府当时的财政收入很少，支出压力却很大，所以造成了很大的财政收支缺口。中央政府为了筹集建设资金决定于1950年发行国债，当时称为人民胜利折实公债，原定发行两期共2亿份，发行了一期后，国家财政经济状况有所好转，就没有再发行第二期。1953年，我国开始实施"一五"经济建设计划。因为经济基础比较差，财政收入还不可能支持大规模的经济建设计划，加之建立我国工业化基础也需要大量的建设资金，所以中央政府又决定发行国家经济建设公债，1954—1958年连续发行了国家经济建设公债。1958年，我国开始了大跃进式的建设高潮，由于认识的偏差和错误思想的指导，我国完全拒绝外资或外国援助，在国内则停止了发行国债。1959—1980年，我国没有发行过国债。

2.2.2 从1981年开始的发行国债弥补赤字调节经济阶段

1978年我国实施改革开放政策后，经济建设开始有了初步的发展，人民生活水平有所提高。但是到了1981年，我国财政收入连续3年出现了下滑，财政赤字巨大，为了保证财政收支平衡，国家决定发行国债弥补财政赤字，当年发行国债48.66亿元，从此我国国债发行进入了第二个阶段。从1981年国债恢复连续发行以来至今39年的时间里，国债真正地成为了影响我国宏观经济增长和居民生活的重要因素，在这期间国债的发行大致经历了四个时期。

1.经济起步期

1981—1993年是第一个时期，在这一时期中央财政采取向银行透支和发行国债两种办法来弥补财政赤字。我国从1978年开始了经济体制改革，主要是以财政上的减税让利方式开始的。这一措施极大地激发了企业的积极性，经济建设迅速发展，国民收入在财政收入中的分配比例也大幅度提高，国家财政收入开始降低。而在财政收入呈现下降趋势的同时，财政支出却越来越大。为了解决社会发展和经济建设的资金缺口，中央财政除了向中央银行透支外，余下部分主要是靠发行国债来弥补。在这一时期，我国主要是通过连年发行国债来支持减税让利的改革。因为同时采用了向银行透支和发行国债两种办法来弥补赤字，所以在1987年以前的国债发行量并不大，每年的发行额一般都不超过100亿元。1987年以后，我国出现了通货膨胀的趋势，为了有效控制通货膨胀，中央财政决定不再采取向中央银行透支或借款的方式来弥补财政赤字这一很容易诱发通货膨胀的方式，因此中央政府决定通过扩大国债发行量来弥补财政赤字，从1987年开始我国国债年发行额的增长速度开始大规模地超过了以往各年，但是规模还是不算太大，到了1993年国债发行量达到了527.7亿元，国债余额为1 840.14亿元。

2.经济高速增长期

1994—1997年是第二个时期，在这一时期宏观经济的高速增长和过高的通货膨胀率给政府融资途径带来了很大的压力，国债在绝对数量和相对比例上都出现了快速上升的势头。因为以向银行借款或透支的方式来弥补财政赤字直接增加了基础货币的投放量，从而导致通货膨胀的发生，而我国实行经济体制改革以来发生的几次通货膨胀基本上都是因为政府向银行借款或透支来弥补财政赤字引发的，所以为了控制通货膨胀的发展势头，使得国民经济能够健康稳定发展，中央政府决定从1994年开始财政上不再向银行透支或借款，所有财政赤字均以发行国债的方式来弥补。这一时期正赶上以前年度发行的国债进入还本付息的高峰期，而且通货膨胀时期发行的国债都增加了保值贴补的条件，使得这一时期国债还本付息的支出大幅度增长。在此情况下，1994年我国国债的发行规模出现了跳跃性的增长，国债发行量达到了1 137.35亿元，是1993年的2倍多，国债余额为2 516.03亿元，远远超出了1993年的国债余额，之后几年国债的发行额均衡发展，直到1997年，当年的国债发行量是2 457.49亿元，国债余额是4 401.25亿元。

3.通货紧缩期

1998—2002年是第三个时期，在这一时期我国经济增长出现了明显的减速，通货紧缩明显，内需也严重不足。从1998年年初开始，我国宏观经济运行中的一个迫切需要解决的问题就是通货紧缩。为了扩大内需，治理通货紧缩，中央政府实施了以增发国债为主要内容的积极财政政策，当年发行国债3 891.6亿元，与1997年的国债发行量相比，超出1 434.11亿元，之后几年我国国债发行规模大幅度增加，屡创新高。1999—2002年国债发行量分别为4 056.03亿元、4 619.50亿元、4 683.53亿元和6 601.40亿元。这些国债大部分用在了基础设施建设、环境和生态保护、科学技术发展以及技术进步等方面。国债发行的快速增长对扩大内需和拉动经济增长起到了重要的作用。这一时期发行的国债和以往两期相比有了质的飞跃，中央政府主动通过增发国债来增加投资性支出，借以扩大有效需求，推动了经济增长。

4.经济稳定发展期

2003年以后我国国债发行进入了第四个时期，从2003年开始，我国经济发展驶入了快车道，以民间投资为主导的投资需求逐渐形成，房地产业迅速发展并成为经济增长的重要推动力量，宏观经济走出了通货紧缩的阴霾，物价指数也出现了快速上涨，国债发行规模也达到了8 502.37亿元。从这一年开始，我国的国债规模在国债余额方面是一路攀升，屡创新高，而国债发行规模只在2008年和2011年的环比指标上有所下降。

从1998年开始，中央政府已经把国债政策作为宏观经济调控政策的一个重要工具，这也是我国国债政策质的飞跃。1998—2002年我国已经告别了以供给不足为根本特征的供给约束型经济，宏观经济运行中的主要问题是需求不足，为了刺激总需求、保证宏观经济增长和实现充分就业，中央政府采取了扩张性的财政政策。这一政策在刺激总需求和克服通货紧缩方面体现出了它的优越性。作为扩张性财政政策重要组成部分的国债政策，在我国的宏观经济政策中发挥了非常重要的作用。我国国债负担率从1981年的将近1%上升到2011年的13.62%，总体趋势均是同向上升的。在这一时期不管国内生产总值的环比增长率如何变动，国债负担率是一直上升的，这说明我国国债规模在30年的经济高速增长期内是不断增长的，国债规模也随着宏观经济的高速增长不断扩大，国债规模对经济增长的凯恩斯效应可见一斑。但是，国债的发行也不能是无限的，过高的国债负担率也会给经济和社会发展带来副作用，所以探讨和研究我国国债对宏观经济的影响就成了重要议题。

2.3　评价国债规模的指标体系及对我国国债规模的评价[①]

在国债发行的历史上，因为管理不善，监管不到位而出现了债务危机的事例时有发生，所以在对国债的管理探索中，经济学家和管理者根据经济发展的实际情况，探索和总结出了与经济环境相关的指标体系，以此来判断国债发行者的真实偿债能力、债务规模的合理性和风险程度。国际上判断国债规模合理性的常用指标共有七个。

1.国债负担率

国债负担率=国债余额/国内生产总值，它反映了国家债务的存量情况以及国民经济对国债的承受能力，是反映国民经济总体应债能力和国债规模的最重要的指标之一。它考虑了经济增长与债务增长的相关性，不仅是从财政收支上，而且从国民经济的总体和全局来考察国债的数量界限，因此能够比债务的绝对值更清楚地反映一国债务的动态负担情况。国内生产总值越大，国债负担率越小，国债的发行空间也就越大。事实上，国家财政支出的需求情况、偿债能力、居民收入和储蓄水平以及国内生产总值规模制约了国债的发行规模，而这些因素都可以通过国内生产总值的规模反映出来。这是因为国内生产总值越大，社会资金总量就越多，财政的偿债能力就越强，企业和居民的应债能力也就越强。因此，国债负担率是考察国债规模以及国债是否会对未来造成沉重负担的重要指标，根据《马斯特里赫特条约》的规定，成员方的国债负担率不能超过60%。综合考虑我国政府存在的巨大隐性债务，所以将国债负担率警戒线调整为45%，以此来反映我国国债的总体水平。

---

① 关于国债相对指标的定义，本书参考了以下文献：
a.谢百三. 金融市场学 ［M］. 2版. 北京：北京大学出版社，2009.
b.黄达. 金融学 ［M］. 4版. 北京：中国人民大学出版社，2017.
c.数据出自《中国统计年鉴》各期，参见表6-1我国国债风险预警指标值。

从 1981 年我国发行国债以来，国债负担率从 0.995% 一路攀升，到 2007 年最高达到 17.28%，然后略有下降，徘徊在 15% 左右（见图 2-1）。我国国债负担率的上限同财政收入占国内生产总值的比重基本适应，采用国际警戒线指标值的一半（即 30%）来衡量我国国债，国债风险水平并不高，远远低于发展中国家的警戒线，国债余额处于安全区间。而目前美国、德国、法国等国家的国债负担率都在 60% 以上，与这些发达国家相比我国国债负担率还很小，但应该看到的是，这些国家或多或少出现的债务问题，也是我国应该警惕的危机所在。

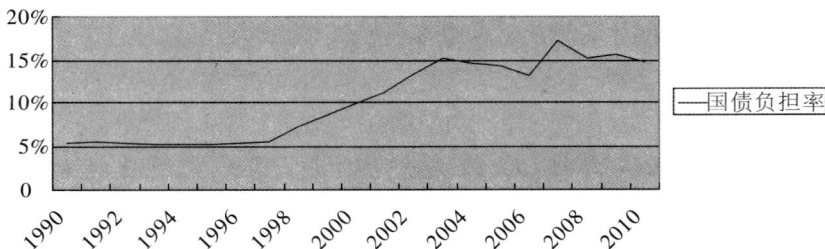

图 2-1　我国国债负担率走势图（1990—2011 年）

2.国债偿债率

国债偿债率=当年还本付息额/当年财政收入总额，它反映的是国债发行规模与财政收入的关系和中央政府偿还国债的能力，表明了中央政府当年的财政收入中有多大份额是用来偿还到期债务的。这个指标越高，表明了中央政府当年偿还债务的支出越多，财政的偿债压力就越大；反之，这个指标越低，则表明中央政府当年偿还债务的支出越少，财政偿债压力就越小。债务收入是有偿的，国债规模也一定会受到国家财政资金收入的限制，所以应该把国债规模控制在与财政收入相适应的水平上，国际上公认的国债偿债率的警戒线为 10%。

1981—2011 年我国国债偿债率指标经历了先升后降的过程，1998 年我国国债偿债率迅速上升，达到了 22.74%，远远突破了 10% 的国际警戒线，然后开始回落（见图 2-2）。但是从长远来看，我国国债偿债率仍然面临再次进入上升通道的风险，这是因为 2008 年金融危机以后中央政府启动了 4 万亿元扩大内需的财政政策，这一政策的资金将从国债发行中获得，所以 2009 年的国债发行量增至 16 418.1 亿元，比 2008

年的国债发行额 8 615 亿元翻了近一番，而国债发行规模的扩大将会导致每年还本付息额大幅度增加。

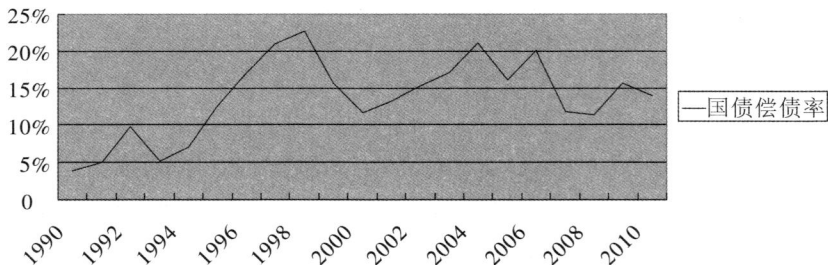

图2-2　我国国债偿债率走势图（1990—2011年）

3.国债依存度

国债依存度=当年国债发行额/当年财政支出，它反映了一个国家的财政支出有多少是依靠发行国债来实现的，这个指标是从中央政府的角度来判断国债风险的重要依据，指标越高就表示中央财政对债务的依赖程度越高，财政处于危险状态，会给财政的未来发展带来不利因素。因为国债是有偿的收入，所以国家的财政支出还是应该主要依赖税收，债务收入只能是补充性的。在我国，国债是由中央财政来发行、使用和偿还的，所以用当年国债发行额除以当年财政支出来表示国债依存度。国际上大多数发达国家公认的国债依存度的警戒线是15%~20%，具体数值视不同国家的情况而定，目前发达国家的国债依存度一般是10%~23%。

我国国债依存度指标从1981年发行国债以来整体呈现上升趋势，1995年该指标突破20%以后，一直维持高位运行，并在1999年从36.8%的高位掉头向下，出现了下降势头，但在2005年到达相对低点21%以后又开始向上，并且在2007年创下历史新高达到了46.48%（见图2-3）。在1999年之前，我国国债依存度上升是因为国债的发行也在高速增长，当时我国国债发行量年平均增速约为46%，而财政支出的年平均增速约为15%，国债发行的增速大大地超过了财政支出的增加速度。而2007年我国国债依存度指标创出新高，这是因为财政部为成立中国投资公司发行1.5万亿元特别国债，国债发行量的激增导致了国债依存度指标的大幅上升，到2011年年底，我国的国债依存度又回落到20%。

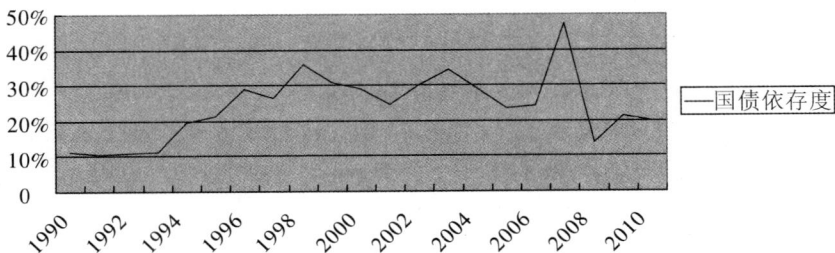

图2-3　我国国债依存度走势图（1990—2011年）

4.赤字率

赤字率=当年中央财政赤字/当年国内生产总值，它是国际上考察财政状况的最通用和最常见的重要指标，经常用于分析一个国家的财政状况以及比较不同国家之间的经济状况。根据《马斯特里赫特条约》的规定，国际公认的赤字率的警戒线为3%。国债与财政赤字密不可分，国债是弥补赤字最常用的手段，长期居高不下的赤字一定会导致债务的大规模扩张。按照一般经济周期规律，健康经济体的赤字率应该与经济增长率呈负相关。也就是说，在经济衰退时期，中央政府实行扩张的财政政策，财政支出增加，赤字水平也随之提高，所以债务规模也会扩大，而随着总需求水平的不断提高以及国民收入的不断增加，财政赤字就会减少或者财政收入会有盈余，则债务规模就会缩小，这是国债规模健康发展的趋势，财政风险也会降低。

我国财政赤字率一直没有突破这一警戒线。1981—1998年我国财政赤字率变化平稳，年均不超过1%。1998—2003年亚洲金融危机爆发，我国实施了积极的财政政策，中央政府为了促进经济复苏加大了政府投资力度，财政预算支出迅速扩大，我国财政赤字率显著上升，最高时于2002年达到2.62%（见图2-4）。2003—2007年是我国经济的高速增长期，伴随财政收入增加和政府预算投资支出减缓，我国赤字率显著下降，甚至在2007年出现财政盈余。2008年全球金融危机爆发后，中央政府又一次实施了积极的财政政策，2009年财政赤字额增至9 500亿元，创下我国成立以来年度最高财政赤字额。虽然2010年开始我国的赤字率有所下降，但是还应高度警惕未来我国赤字率再次出现上升趋势。

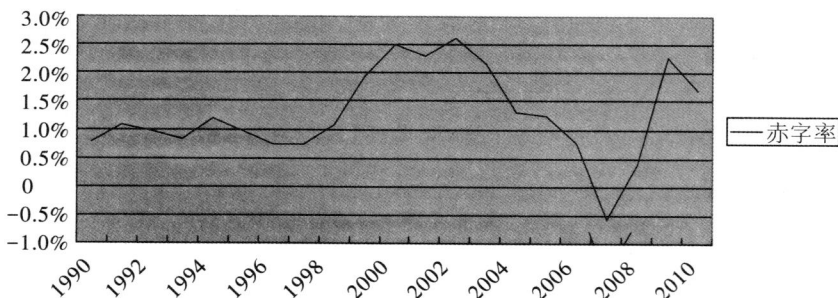

图2-4 我国赤字率走势图（1990—2011年）

5.国民应债率

国民应债率=当年国债发行额/当年居民储蓄存款增加额，国债的发行主要靠社会闲置资金来消化，居民储蓄存款是资金的主要来源，倘若居民储蓄存款增加额比国债发行额小，则宏观经济的应债能力就会不足，国债也就不能顺利发行，而国债的发行补偿又会导致政府融资不畅。在中央政府借新债还旧债的过程中，假若国民应债能力不足，就会导致再融资链条断裂。如果中央政府不能按时偿还旧债，则会诱发债务危机。因此，国民应债率是判断国债违约风险的重要指标之一，这个指标值越小，表明中央政府发行国债的空间就越大；反之，这个指标值越大，则表明中央政府发行国债的空间就越小。国际上公认的国民应债率的警戒线为100%，此时宏观经济的应债能力比较强。

我国从1981年发行国债以来一直到2006年，国民应债率基本稳定在100%警戒线以内，除了2000年接近警戒线外，其余各年都在65%以下（见图2-5）。在2007年我国为了成立中国投资公司发行了1.5万亿元特别国债，导致国债总发行额激增，全年总量达到2.3万亿元，除出了这一影响因素，国民应债率又恢复至正常范围以内，截至2011年我国国民应债率仍然处在警戒线以内，但是略高于历史平均水平。

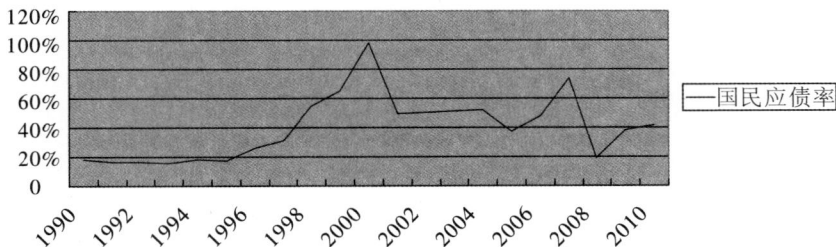

图2-5　我国国民应债率走势图（1990—2011年）

6.国债借债率

国债借债率=当年国债发行额/国内生产总值，国债借债率主要是反映当年国内生产总值增量对国债增量的利用程度。国债借债率越低，说明当年国债发行额占国内生产总值的比重越小，国家信用面临的风险就越小；反之，风险就越大。根据《马斯特里赫特条约》的规定，国债借债率的警戒线为3%。

从1981年到1996年我国国债借债率一直低于警戒线，但从1997年开始超过了3%，2002年和2003年甚至达到5%以上，大大高出了警戒线，但自2004年开始该指标略有降低（见图2-6）。即使这样我国国债借债率还是普遍低于发达国家水平，说明我国国债发行规模还是存在一定的空间，风险并不大。

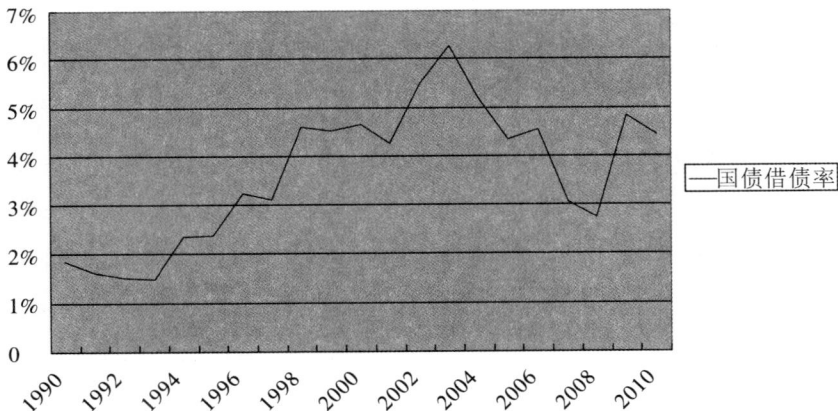

图2-6　我国国债借债率走势图（1990—2011年）

7.居民应债率

居民应债率=当年国债余额/居民储蓄余额，居民应债率反映的是国家经济发展水平和居民对国债规模的承受能力，即社会上是否有足够的资金来源承受债务的规模。居民应债率越高，反映出居民的应债能力越弱，国家面临的融资风险和信用风险也就越高；反之，居民应债能力越强，国债的发行空间也就越大。具有较高储蓄率的国家为维持经济稳定的需要，可以承受的国债偿债率较高。综合这两种情况，本书将居民应债率的警戒线确定为50%。也就是说，当国债新增额占到当年居民储蓄存款余额的一半以上时，居民认购国债缺乏空间，国债面临发行风险，影响政府信用。

在我国，国债是居民的重要投资途径之一，城乡居民储蓄存款是居民购买国债的主要资金来源。尽管我国国债发行规模增长很快，但是我国居民购买国债的应债能力仍有较大的潜力。从图2-7中可以看出，我国的居民应债率一直不高，只是在2007年超过了25%，2010年又回到20%。

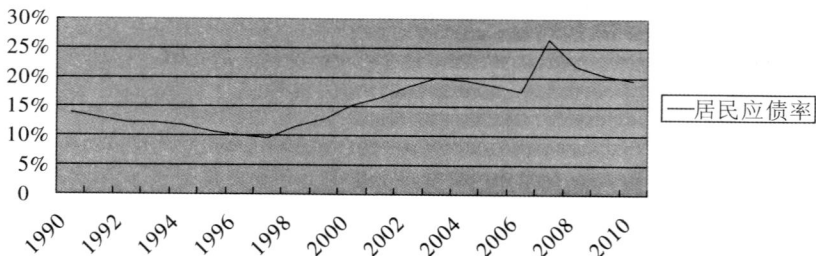

图2-7 我国居民应债率走势图（1990—2011年）

2.4 本章小结

首先，对古典经济学、凯恩斯主义、新古典经济学、现代经济学的国债理论以及国债的宏观经济效应理论进行了陈述和分析。国债与宏观经济的关系始终是各个时代经济学家们争论的焦点，从反对国债的发行到"相机抉择"理论，国债理论向前迈进了一大步，也给社会经济的进步带来了新契机。

其次，回顾了我国发行国债的历史：我国于1950年开始发行国债，1958年停止发行国债，直到1981年又恢复发行国债，即第一个阶段是

1950—1958年，第二个阶段是 1981 年恢复发行国债至今。我国国债负担率从 1981 年的将近 1%上升到 2011 年的 13.62%，总体趋势均是同向上升的。这说明我国国债规模在经济高速增长期内是不断增长的，并随着宏观经济的高速增长不断扩大，但是国债的发行规模也不能是无限的，过高的国债负担率会给经济和社会发展带来副作用，所以探讨和研究我国国债对宏观经济的影响具有重要的实际意义。

最后，分析了国际上判断国债规模合理性的常用指标，以此来定性分析当前我国国债规模状况、偿债能力、债务规模的合理性和风险程度。

第3章 国债与宏观经济的波动特征及相关关系分析

本章研究国债与宏观经济的波动特征及相关关系，首先使用H-P滤波方法分离变量趋势，得到变量的偏离趋势图，考察国债与宏观经济的波动特征之间的相关关系，然后用Granger因果检验对国债与宏观经济的相关关系进行分析。

3.1 数据来源与处理

3.1.1 数据来源

本书基于我国数据，对国债规模与经济增长、通货膨胀及财政收入之间的关系进行实证研究。选取了众多代理变量，其中一些变量经过了相应的处理。本书选取的各个变量、变量的处理方法以及各个变量的数据来源见表3-1。

表 3-1   各个变量及其处理方法和数据来源

变量名称	指标名称	指标处理方法	数据来源
国债余额（亿元）	S	利用GDP平减指数进行平减得到实际值	《中国统计年鉴》
国债发行量（亿元）	P	利用GDP平减指数进行平减得到实际值	《中国统计年鉴》
国内生产总值（亿元）	GDP	利用GDP平减指数进行平减得到实际值	《中国统计年鉴》
国债负担率（%）	SG	（国债余额/GDP）×100%	《中国统计年鉴》
财政收入（亿元）	FI	利用GDP平减指数进行平减得到实际值	《中国统计年鉴》
财政支出（亿元）	FO	利用GDP平减指数进行平减得到实际值	《中国统计年鉴》
财政赤字（亿元）	FD	财政收支差额	《中国统计年鉴》
财政收入份额（%）	FG	（财政收入/GDP）×100%	《中国统计年鉴》
赤字率（%）	DG	（财政赤字/GDP）×100%	《中国统计年鉴》
国民应债率（%）	GY	（国债发行额/居民储蓄存款增加额）×100%	《中国统计年鉴》
国债偿债率（%）	GC	（国债还本付息额/财政收入）×100%	《中国统计年鉴》
国债依存度（%）	GC	（国债发行额/财政支出）×100%	《中国统计年鉴》
居民消费价格指数	CPI	以1978年为100的基期值	Wind资讯
工业品出厂价格指数	PPI	以1978年为100的基期值	Wind资讯
广义货币供应量（亿元）	M2	利用GDP平减指数进行平减得到实际值	Wind资讯

3.1.2 数据处理与检验

各个变量所涉及的数据均是时间序列，非平稳的时间序列在进行数据分析时往往会产生偏差甚至错误。为了获得数据的有效信息，首先对所有的变量进行平稳性检验，若原始变量经检验不平稳，则对其做一阶差分，然后再做平稳性检验。如果差分后的变量序列依然不平稳，则继续做差分，直到差分后的变量平稳为止。表3-2为各个变量的单位根检验结果。

表3-2 　　　　　　　　　**各个变量的单位根检验结果**

变量	检验形式 (C，T，k)	统计值	p值	结论
S	(C，0，4)	−0.801	0.992	非平稳
P	(C，0，6)	−0.513	0.872	非平稳
GDP	(C，0，4)	2.941	1.000	非平稳
M2	(C，0，3)	3.035	1.000	非平稳
FI	(C，0，0)	3.962	1.000	非平稳
FD	(C，0，4)	0.528	0.984	非平稳
SG	(C，0，0)	−0.937	0.762	非平稳
FG	(C，0，0)	−0.928	0.765	非平稳
CPI	(C，0，2)	−0.801	0.803	非平稳
PPI	(C，0，1)	−0.687	0.835	非平稳
ΔS	(0，0，2)	−1.161	0.218	非平稳
ΔP	(0，0，6)	0.964	0.906	非平稳
ΔGDP	(0，0，0)	1.122	0.928	非平稳
ΔM2	(0，0，4)	1.646	0.972	非平稳
ΔFI	(0，0，0)	−2.038**	0.042	平稳
ΔFD	(0，0，4)	−2.499**	0.015	平稳
ΔSG	(0，0，0)	−5.193***	0	平稳
ΔFG	(0，0，0)	−4.692***	0	平稳
ΔCPI	(0，0，0)	−1.639*	0.095	平稳
ΔPPI	(0，0，0)	−2.404**	0.018	平稳
Δ^2S	(0，0，3)	−5.144***	0	平稳
Δ^2P	(0，0，7)	−1.984**	0.047	平稳
Δ^2GDP	(0，0，0)	−4.937***	0.000	平稳
Δ^2M2	(0，0，1)	−2.849***	0.006	平稳

注：检验形式（C，T，k）分别指检验式中的常数项、时间趋势和滞后阶数；*、**、***分别表示在10%、5%、1%的显著性水平下拒绝原假设。

从表3-2给出的各个变量平稳性检验结果来看，本书的原始变量均是非平稳序列，财政收入、财政赤字、国债负担率、财政收入份额、居民消费价格指数以及工业品出厂价格指数经过一阶差分后成为平稳序列，而国债余额、国债发行量、国内生产总值和广义货币供应量是二阶单整过程。上述是对本书所涉及变量的原始序列进行的平稳性检验，由于这些变量均来自不同的截面，数量级较大且存在很大的差别，如果利用原始序列直接建立计量模型，势必会受到异方差的影响。为了降低异方差对模型估计的影响，本书将其中一部分拥有较大数量级的变量取自然对数以降低不同截面数据的差异。表3-3给出了S、P、GDP、M2、CPI、PPI、FI七个变量在取自然对数后的单位根检验结果，同表3-2中的各个变量一样，若变量不平稳，则对其差分后再做平稳性检验。

表3-3　　　　　　　　变量取对数后的单位根检验结果

变量	检验形式 （C，T，k）	统计值	p值	结论
lnS	（C，0，4）	−1.367	0.582	非平稳
lnP	（C，0，2）	−1.468	0.535	非平稳
lnGDP	（C，0，5）	−0.115	0.937	非平稳
lnM2	（C，0，0）	−1.385	0.576	非平稳
lnCPI	（C，0，2）	−2.090	0.249	非平稳
lnPPI	（C，0，1）	−1.580	0.480	非平稳
lnFI	（C，0，0）	−0.111	0.939	非平稳
ΔlnS	（0，0，2）	−1.646*	0.093	平稳
ΔlnP	（0，0，0）	−6.528***	0	平稳
ΔlnGDP	（0，0，1）	−4.093***	0.004	平稳
ΔlnM2	（0，0，1）	−10.109***	0	平稳
ΔlnCPI	（0，0，5）	−1.641*	0.094	平稳
ΔlnPPI	（0，0，0）	−2.054**	0.040	平稳
ΔlnFI	（0，0，0）	−5.700***	0	平稳

注：*、**、***分别表示在10%、5%、1%的显著性水平下拒绝原假设。

表3-3中的检验结果表明，国债余额、国债发行量、国内生产总值、广义货币供应量、居民消费价格指数、工业品出厂价格指数、财政收入在取自然对数后仍不是平稳序列，但各个变量的差分均为平稳序列，即这七个变量的增长率是平稳的。

3.2 国债与宏观经济的协整关系分析

3.2.1 协整分析及检验方法

Granger和Engle（1987）提出了协整理论，研究认为把两个或两个以上非平稳时间序列进行特殊的线性组合可能出现平稳性，协整理论的主要研究对象是在两个以上非平稳时间序列中寻找一种均衡关系，该理论的提出对于非平稳经济变量建立计量经济模型，以及检验这些变量之间是否存在长期均衡关系具有非常重要的意义。协整理论是从经济变量的数据中所显示的关系出发，确定模型包含的变量和各个变量之间的理论关系，是自20世纪80年代以来计量经济模型的一个重大进步。

经济现象中大多数时间序列都是非平稳序列，所以得到伪回归的可能性较大。避免非平稳问题的常用办法是在方程中使用差分，但是使用变量为差分形式的关系式描述的是所研究的经济现象的短期状态或非均衡状态，而不是其长期均衡状态。协整理论的产生既研究了经济现象的长期均衡状态，又避免了非平稳序列的回归出现伪回归。经济理论认为，某些经济变量之间确实存在长期均衡关系，这种均衡关系意味着经济系统内部不存在破坏均衡的内在机制。如果变量在某时期受到干扰后偏离其长期均衡点，则均衡机制将会在下一期进行调整以使其重新回到均衡状态。

下面给出协整的定义：

如果$x_{it} \sim I(d)$，其中$i=1, 2, 3, \cdots, k$，存在向量$\alpha = (\alpha_1, \alpha_2, \cdots, \alpha_k)$，使得$z_t = \sum_{i=1}^{k} \alpha_i x_{it} \sim I(d-b)$，其中，$d \geq b > 0$，那么序列$x_{1t}, x_{2t}, \cdots, x_{kt}$为$(d, b)$阶协整，记为$X_t \sim CI(d, b)$，$\alpha$则为协整向量。由此可见，如

果两个变量序列之间是同阶单整的，才可能出现协整关系。

协整理论解决了非平稳时间序列分析中产生的众多问题，其意义主要体现在：

（1）避免伪回归。如果一组非平稳时间序列不存在协整关系，那么以这一组变量建立的回归模型就是伪回归，伪回归模型具有很高的 R^2 值和t值，但参数的估计值却毫无意义。伪回归是计量经济模型经常遇到的问题，实证经验表明，互不相干的非协整变量在统计检验时经常表现出显著的相关性。因此，对变量之间的协整关系进行检验，是正确建立经济计量模型的先决条件。

（2）估计量的一致性。如果不对变量进行协整分析，又为了避免伪回归，非平稳时间序列都会被变换为平稳时间序列，然后再建立模型。协整理论表明，如果一组非平稳时间序列之间存在协整关系，则可以直接建立回归模型，而且其参数的OLS估计值具有很强的一致性，即以更快速度收敛于参数的真实值。

（3）区分变量之间的长期均衡关系和短期动态关系。Granger和Engle已经证明，如果变量之间存在长期均衡关系，则均衡误差将显著影响变量之间的短期动态关系。

协整检验有两种方法：一种是基于协整方程的残差序列进行检验；另一种是基于回归系数的Johansen协整检验。虽然基于残差序列的检验比较容易，但是其检验方式存在一定的欠缺，在第一阶段需要设计线性模型进行OLS估计，应用不方便。Johansen在VAR模型的基础上提出了检验回归系数的方法，是一种进行多变量协整检验的较好方法，同时也克服了基于残差序列检验的不足。

假设k个时间序列 $y_t = (y_{1t}, y_{2t}, \cdots, y_{kt})'$，$(t=1, 2, \cdots, T)$，现在通过Johansen协整检验方法检验这k个经济变量之间的协整关系。

首先，建立 **VAR（p）** 模型：

$$y_t = A_1 y_{t-1} + A_2 y_{t-2} + \cdots + A_p y_{t-p} + Bx_t + U_t \tag{3.1}$$

其中，y_{t-1}，y_{t-2}，$\cdots$，y_{t-p} 都是 I（1）单整序列；A_1，A_2，$\cdots$，A_P 均是 $k \times k$ 阶参数矩阵；x_t 是一个确定的k维外生变量，代表趋势项、常数项

等确定性项；U_t 是 k 维随机扰动向量。将式（3.1）经过差分变换后，得到下面的形式：

$$\Delta y_t = \prod y_{t-1} + \sum_{i=1}^{p-1} \Gamma_i \Delta y_{t-i} + Bx_t + U_t \tag{3.2}$$

其中，$\prod = \sum_{i=1}^{p} A_i - I, \Gamma_i = -\sum_{j=i+1}^{p} A_j (i=1, 2, \cdots, p-1)$。

式（3.2）也可以表示为：

$$\Delta y_t = \Gamma_1 \Delta y_{t-1} + \Gamma_2 \Delta y_{t-2} + \cdots + \Gamma_p \Delta y_{t-p+1} + \prod y_{t-1} + Bx_t + U_t \tag{3.3}$$

其中，$\prod$ 是压缩矩阵，从式（3.1）到式（3.2）或式（3.3）称为协整变换。

由于假定 $y_t \sim I(1)$，因此 $\Delta y_t \sim I(0)$，那么式（3.2）中除了 $\prod y_{t-1}$ 之外，其他项都是平稳的。如果 $\prod y_{t-1}$ 是非平稳的，则 y_t 的分量之间不存在协整关系；如果 $\prod y_{t-1}$ 是平稳的，则 y_t 的分量之间存在协整关系。因此，压缩矩阵 $\prod$ 决定了 VAR 模型中变量是否存在协整关系。设 $\prod$ 的秩为 r，则存在三种情况：

（1）如果 $\prod$ 的秩为满秩，即 r＝k，显然只有当 y_t 所含的全部分量都是平稳的，才能保证 $\prod y_{t-1}$ 是平稳的，而这与已知的 $y_t \sim I(1)$ 过程相矛盾，所以必然有 r＜k；

（2）如果 $\prod$ 的秩为零，即 r＝0，意味着 $\prod = 0$，显然式（3.2）仅仅是差分方程，各项均是 I(0) 过程，不需要讨论 y_t 的分量之间的协整关系；

（3）如果 0＜r＜k，则表示存在 r 个协整组合，其余 k－r 个关系仍为 I(1) 关系，那么 $\prod$ 可以分解成两个 k×r 阶矩阵 α 和 β 的乘积，即：

$$\prod = \alpha \beta' \tag{3.4}$$

其中，α 和 β 的秩均为 r，将式（3.4）代入式（3.3）中，得到：

$$\Delta y_t = \alpha \beta' y_{t-1} + \sum_{i=1}^{p-1} \Gamma_i \Delta y_{t-i} + Bx_t + U_t \tag{3.5}$$

式（3.5）要求 $\beta' y_{t-1}$ 为一个 I(0) 向量，其每一行均是 I(0) 组合变量，即 β 的每一行所表示的 $y_{1,t-1}$，$y_{2,t-1}$，$\cdots$，$y_{k,t-1}$ 的线性组合都是一种协整形

式，β决定了 $y_{1,t-1}$，$y_{2,t-1}$，…，$y_{k,t-1}$ 之间协整向量的个数与形式。因此，β是协整向量矩阵，r是协整向量个数，α是调整系数矩阵或修正系数矩阵，α中的每个元素表示相应的每个误差修正项的差分被解释为变量的调整速度。

将 y_t 的协整检验变成对矩阵的分析，这便是 Johansen 协整检验的基本原理，因为矩阵 $\prod$ 的秩等于它非零特征根的个数，所以可以通过非零特征根个数来检验协整关系和协整向量的秩。

① 特征根迹检验

因为r个最大特征根可以得到r个协整向量，而对于其余k−r个非协整组合来说，λ_{r+1}，λ_{r+2}，…，λ_k 应该为零，于是得到原假设为 H_{r0}：$\lambda_r > 0$，$\lambda_{r+1} = 0$，至多存在r个协整向量；备择假设为 H_{r1}：$\lambda_{r+1} > 0$，有r个协整向量 (r=0，1，2，…，k−1)。

检验统计量为：

$$\lambda_{trace} = -T \sum_{i=r+1}^{k} \ln(1 - \lambda_i) \qquad (3.6)$$

其中，λ_{trace} 是特征根迹统计量。

② 最大特征根检验

对于最大特征根检验方法，其原假设和备择假设分别为：H_{r0}：$\lambda_{r+1} = 0$；H_{r1}：$\lambda_{r+1} > 0$。

检验统计量为：

$$\lambda_{max}（r，r+1）=-T\ln（1-\lambda_{r+1}） \qquad (3.7)$$

特征根迹检验和最大特征根检验均是从不存在协整向量的零假设开始，依次进行下去，直到接受 H_{r0}，即存在r个协整向量。

在以上协整理论的基础上，本章给出了国债规模与宏观经济的实证检验。

3.2.2 国债与宏观经济的协整检验分析

1.国债与国内生产总值的协整检验

从3.1.2节的单位根检验结果可知，$\ln GDP \sim I$ (1)，$\ln S \sim I$ (1)，$\ln P \sim I$ (1)，那么对国内生产总值与国债余额、国债发行量之间进行 Johansen 协整检验。国债与国内生产总值之间 Johansen 协整检验的结果，见表3-4。

表3-4　　　国债与国内生产总值之间Johansen协整检验的结果

变量组	原假设	迹统计量	最大特征值统计量	协整关系
lnGDP 和 lnS	没有协整关系	33.796*** (0.004)	27.222*** (0.003)	1个
	至多有一个协整关系	6.574 (0.391)	6.574 (0.391)	
lnGDP 和 lnP	没有协整关系	28.829** (0.021)	25.922*** (0.005)	1个
	至多有一个协整关系	2.908 (0.887)	2.908 (0.887)	

注：**、***分别表示在5%、1%的显著性水平下拒绝原假设；括号内为p值。

从表3-4的迹统计量和最大特征值统计量的数据中可以看出，国内生产总值与国债余额、国债发行量之间存在协整关系，即存在长期均衡关系。这意味着国债发行有可能会长期促进经济的发展。

2.国债与物价指数的协整检验

3.1.2节中的单位根检验同样表明国债规模与通货膨胀等相关变量也是同阶单整序列，即：$lnCPI \sim I(1)$：$I \sim I(1)$，$lnM2 \sim I(1)$，$SG \sim I(1)$。那么从宏观经济的物价方面考察国债规模与通货膨胀之间的协整关系，国债与物价指数之间Johansen协整检验的结果，见表3-5。

表3-5　　　国债与物价指数之间Johansen协整检验的结果

变量组	原假设	迹统计量	最大特征值统计量	协整关系
lnS、lnGDP、lnM2、lnCPI	没有协整关系	100.91*** (0)	35.13** (0.021)	3个
	至多有一个协整关系	65.78*** (0)	34.54*** (0)	
	至多有两个协整关系	31.24*** (0.01)	21.86** (0.02)	
	至多有三个协整关系	9.38 (0.16)	9.38 (0.16)	
lnP、lnGDP、lnM2、lnCPI	没有协整关系	84.54*** (0)	44.10*** (0)	2个
	至多有一个协整关系	40.43* (0.09)	23.12 (0.11)	
	至多有两个协整关系	17.32 (0.39)	13.21 (0.31)	
	至多有三个协整关系	4.11 (0.73)	4.11 (0.73)	

续表

变量组	原假设	迹统计量	最大特征值统计量	协整关系
SG、lnGDP、lnM2、lnCPI	没有协整关系	49.39** (0.04)	29.85** (0.03)	1个
	至多有一个协整关系	19.54 (0.45)	11.47 (0.60)	
	至多有两个协整关系	8.07 (0.46)	7.13 (0.47)	
	至多有三个协整关系	0.94 (0.33)	0.94 (0.33)	
lnS、lnGDP、lnM2、lnPPI	没有协整关系	83.18*** (0)	40.13*** (0)	2个
	至多有一个协整关系	43.05** (0.05)	25.26* (0.06)	
	至多有两个协整关系	17.79 (0.35)	11.82 (0.43)	
	至多有三个协整关系	5.97 (0.46)	5.97 (0.46)	
lnP、lnGDP、lnM2、lnPPI	没有协整关系	93.34*** (0)	46.29*** (0)	2个
	至多有一个协整关系	47.05** (0.02)	28.91** (0.02)	
	至多有两个协整关系	18.13 (0.36)	13.89 (0.26)	
	至多有三个协整关系	4.24 (0.71)	4.24 (0.71)	
SG、lnGDP、lnM2、lnPPI	没有协整关系	74.70*** (0)	40.07*** (0)	1个
	至多有一个协整关系	34.63 (0.26)	20.59 (0.21)	
	至多有两个协整关系	14.04 (0.65)	8.21 (0.80)	
	至多有三个协整关系	5.83 (0.48)	5.83 (0.48)	

注：*、**、***分别表示在10%、5%、1%的显著性水平下拒绝原假设；括号内为p值。

表3-5的Johansen协整检验结果表明，居民消费价格指数和工业品出厂价格指数与国债余额、国债发行量、国债负担率、国内生产总值以及广义货币供应量诸多变量中一个或两个存在长期均衡关系。虽然不能确定具体是哪些变量具有协整关系，但是从理论上分析，可以确定国内

生产总值和广义货币供应量会直接影响物价指数的变化，而国债需要通过货币供应量或利率等其他中介指标对物价指数产生影响。所以可以推断通货膨胀相关变量与国内生产总值、广义货币供应量之间存在协整关系的可能性要远远大于其与国债规模相关变量之间存在协整关系的可能性。

3.国债与财政收入的协整检验

继续从财政角度考察国债规模与宏观经济之间的协整关系，国债与财政变量之间Johansen协整检验的结果，见表3-6。

表3-6　　　　国债与财政变量之间Johansen协整检验的结果

变量组	原假设	迹统计量	最大特征值统计量	协整关系
lnFI 和 lnS	没有协整关系	9.258（0.342）	8.619（0.319）	无
	至多有一个协整关系	0.639（0.424）	0.639（0.424）	
lnFI 和 lnP	没有协整关系	14.916**（0.018）	12.58**（0.0286）	1个
	至多有一个协整关系	2.328（0.15）	2.328（0.15）	
FD 和 lnS	没有协整关系	13.058（0.113）	10.718（0.169）	无
	至多有一个协整关系	2.340（0.126）	2.340（0.126）	
FD 和 lnP	没有协整关系	16.216**（0.039）	14.657**（0.043）	1个
	至多有一个协整关系	1.560（0.212）	1.560（0.212）	

注：**表示在5%的显著性水平下拒绝原假设；括号内为p值。

表3-6的Johansen协整检验结果表明，国债余额的对数序列与财政收入的对数序列之间、国债余额的对数序列与财政赤字之间均不存在协整关系，而国债发行量的对数序列与财政收入的对数序列之间、国债发行量的对数序列与财政赤字之间都存在协整关系。这表明国债发行先于财政收支的变动，意味着政府可以通过财政预算决定发行国债的数量，这再次验证了国债发行的目的主要是弥补财政赤字。之所以是国债发行量而不是国债余额与财政收入之间存在协整关系，主要是因为国债发行量、财政收入和财政赤字均是流量，而国债余额仅仅是受到国债发行量

影响的存量。

3.3　国债与宏观经济的波动特征分析

3.3.1　H-P滤波方法

Hodrick 和 Prescott（1980）研究得出带有趋势的非平稳时间序列既不是以稳定趋势增长的，也不是仅仅具有单位根的随机过程，而是介于两者之间，是具有缓慢增长趋势的时间序列。因此提出了 H-P（Hodrick-Prescott）滤波方法来解决非平稳序列中的趋势分离。H-P 滤波方法的原理是在一定约束条件下最小化趋势偏离程度的平方。

将 y_t 分解为：

$$y_t = g_t + c_t \tag{3.8}$$

其中，g_t 是 y_t 的增长部分；c_t 是周期性部分，又称非趋势部分。用 H-P 滤波方法估计 g_t 和 c_t，那么 $H_{r1}：\lambda_{r+1} > 0$，得：

$$\sum_{t=2}^{T-1} [(g_{t+1} - g_t) - (g_t - g_{t-1})]^2 \leqslant \mu \tag{3.9}$$

其中，若 μ 值越小，则分离出来的趋势越平滑。通过 Lagrange 算法可知，以上优化程序即为最小化：

$$\sum_{t=1}^{T} (y_t - g_t)^2 + \lambda \sum_{t=2}^{T-1} [(g_{t+1} - g_t) + (g_t - g_{t-1})]^2 \tag{3.10}$$

其中，λ 是 Lagrange 乘子，参数 λ 决定了不断平稳增长部分的重要性。当 $\lambda=0$ 时，趋势的平滑度没有任何价值，并且 y_t 的变化受趋势部分的影响；当 $\lambda \to \infty$ 时，趋势的平滑度最大，即趋势是线性的。参数 λ 的选择直接关系到趋势的平滑性和准确性。为了使 H-P 滤波方法在趋势分离上更具应用性，Hodrick 和 Prescott 经过多次的实证检验和模拟分析，最终确定 Lagrange 乘子在不同周期下的参数值。时间序列为年度数据时：$\lambda=100$；时间序列为季度数据时：$\lambda=1\,600$；时间序列为月度数据时：$\lambda=14\,400$。

H-P 滤波方法在经济周期的分析中有着广泛的应用，对于考察两个变量的相关性，特别是在不知道变量之间关系的先验信息时，可以通过H-P滤波方法先将变量趋势分离，然后观察变量的实际值与其趋势的偏离程度，其中：

$$偏离趋势的百分比 = \frac{真实值 - 趋势值}{趋势值} \tag{3.11}$$

任何变量的信息都是隐藏在其变异性之中的，如果一个变量的序列没有任何变化，即一个常数，那么这个变量也就不含有有价值的信息，也就没有必要进行数据分析了。因此在绘制出偏离趋势图后，比较变量之间的趋势偏离程度和相关性，能够从直观上清楚地得到变量之间的关系，从而利用相应的计量模型对各个变量建模进行深入分析。

尽管H-P滤波方法提出以后，受到了大量学者的广泛关注和高度重视，并在20世纪80年代得到广泛的普及和应用，但是H-P滤波方法同样也存在不足和劣势。由于宏观经济时间序列中的趋势是很常见的，又很难建立导致趋势行为过程的精确特征，而且还包括伪随机过程在内的常见问题，因此在去除趋势的过程中可能产生欺骗性，即在去除趋势时导致滤波变量的经济周期特征中出现系统性差异，那么欺骗性就产生了。

3.3.2　国债与宏观经济的趋势偏离分析

改革开放以来，我国经济发展迅速，宏观经济以良好的态势稳定增长，国内总体经济快速发展的30年，也正是国债恢复发行的30年。两者似乎存在明显的相同趋势，为了明确中国国债规模与宏观经济之间的相关关系，本章以国内生产总值、物价指数以及财政收入和支出三种不同角度的指标来刻画宏观经济，通过H-P滤波方法先从直观上识别国债与宏观经济变量之间的相关关系。

1.国债与国内生产总值的趋势偏离分析

尽管国债余额和国债发行量与国内生产总值的相关系数分别达到了0.9640和0.5985，但是对时间序列而言，较大的相关系数并不代表变量之间存在较强的数量关系或因果关系，而只是说明了各个变量数据的相似性和一致性。如果将这种简单关系误认为是经济上的关系，那么对变量所做的计量分析和回归分析将可能是伪回归的。下面利用 H-P 滤波方法去除各个变量的趋势后，分别得出国债余额、国债发行量与国内生产总值偏离趋势的百分比，对国债规模与国内生产总值之间的经济关系进行初步认识和简单了解。图 3-1 为国债与国内生产总值的偏离趋势图。

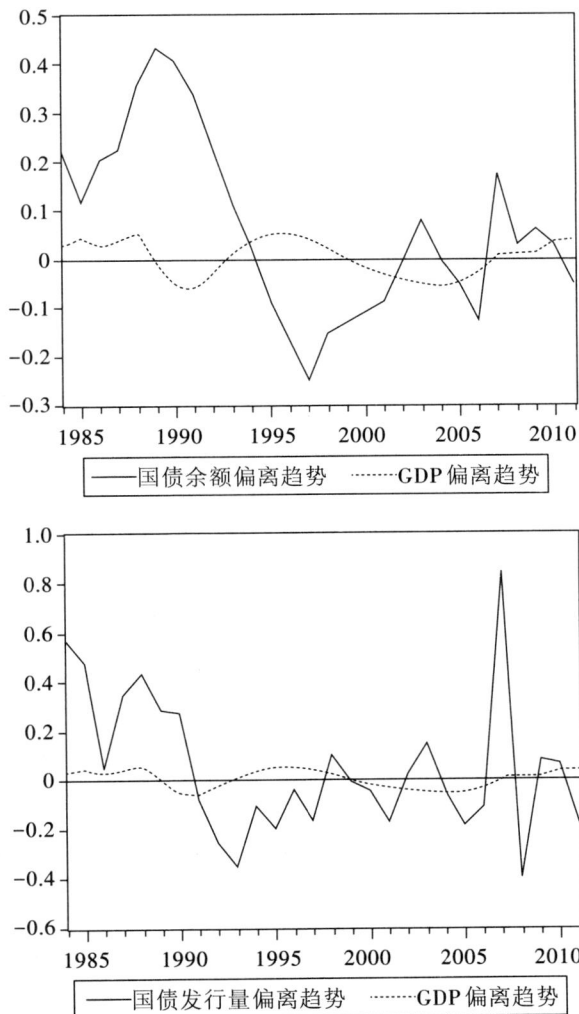

图3-1　国债与国内生产总值的偏离趋势图（1984—2011年）

从图3-1中可以看出，国债的波动程度要远远大于国内生产总值的波动程度，而且存在两个变量关系断裂的情形。在1994年之前，国债余额与国内生产总值存在上偏的迹象，即存在微弱的正相关关系；在1994年之后，国债余额与国内生产总值的关系却不太明显，可能是负相关的，也可能是不相关的。但比较国债发行量与国内生产总值之间的偏离趋势图时，却发现有相反的结论。在1994年之前，国债发行量与国内生产总值的关系并不明确；在1994年之后，国债发行量与国内生产总值存在较弱的正相关关系。从图3-1中得出的结论基本上是和理论相符的，在1994年之前，国债主要用于基础设施建设的投资，对经济的刺激作用较大；在1994年之后，国债主要用于弥补财政赤字，筹集建设资金的功能相对弱化，对经济的影响开始下降。

2.国债与物价指数的趋势偏离分析

除了国内生产总值，物价指数是另一个重要的宏观经济变量，它直接影响人们的日常生活，是宏观经济变量中最受关注的变量之一。虽然国债发行的主要目的是弥补财政赤字和增加公共投资，但是在理论上国债可以通过多种途径影响物价水平。首先，国债发行势必会影响流通中的货币，而货币供应量的变动则会导致物价的变动。其次，国债通过产出影响物价，国债发行筹集的资金投资到国家的生产和建设上会导致总产出的变化，从而影响物价水平。最后，通过影响消费来影响物价水平，国债发行占用私人资本，改变了人们的消费期限，消费期限的变化最终会影响到物价水平。但在实际情形中，国债是否会成为货币等价物，引起物价的上涨，从而导致通货膨胀，一直是经济学家们争论不休的焦点。尤其是近年来增发国债的同时，物价也不断上涨，引起了人们对国债发行的质疑。国债规模与通货膨胀效应之间是否存在某种联系，本章将利用H-P滤波方法对国债规模与物价指数之间的相关关系做出直观判断。

国债余额、国债发行量、居民消费价格指数和工业品出厂价格指数在经过H-P滤波方法处理后，分离出各个变量的趋势成分和短期波动成分，通过对比各个变量实际值偏离趋势的百分比，可以定性识别国债规模与通货膨胀效应之间的关系。图3-2为国债与物价指数的偏离趋势图。

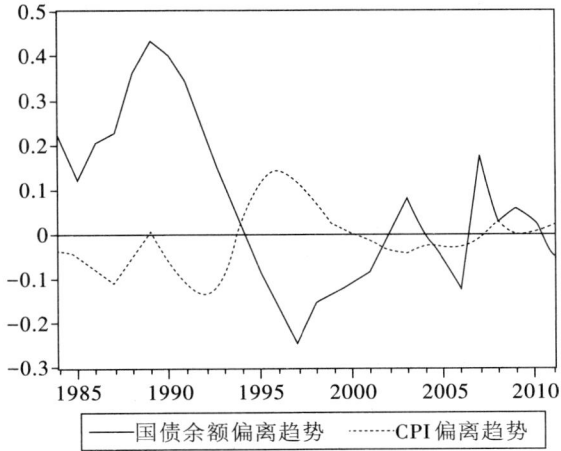

国债余额偏离趋势 —— CPI偏离趋势

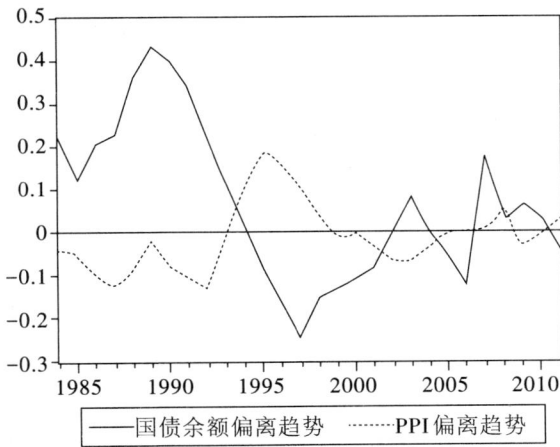

国债余额偏离趋势 —— PPI偏离趋势

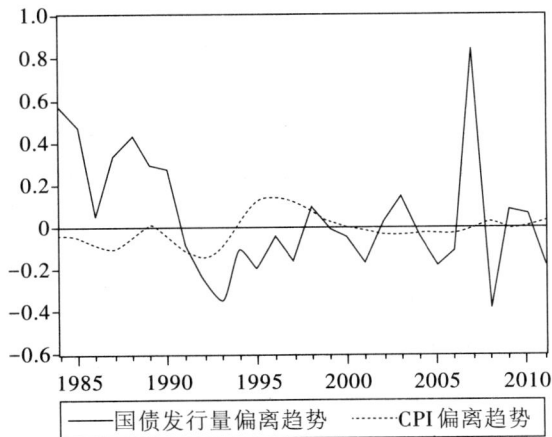

国债发行量偏离趋势 —— CPI偏离趋势

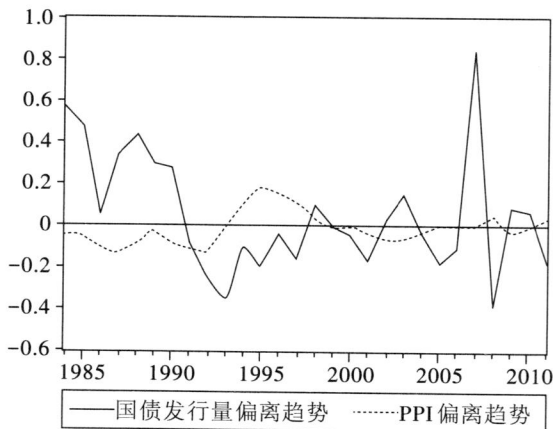

图3-2 国债与物价指数的偏离趋势图（1984—2011年）

从图3-2中可以发现，国债规模与CPI和PPI之间的联系并不紧密，总体上国债余额与CPI和PPI之间存在相反的偏离趋势，但国债发行量与CPI和PPI之间具有相同的偏离趋势。同样在1994年之前，国债余额与CPI具有正相关关系；在1994年之后，国债余额与CPI和PPI之间的关系开始减弱，但并没有消失。

3.国债与财政收入的趋势偏离分析

财政收入作为政府用于消费、服务和投资的主要资金，对一国的经济运行有着不可替代的作用，是宏观经济的重要度量指标。国债具有弥补财政赤字的功能，是财政支出融资的有利手段，通过控制国债发行的数量可以有效控制财政收支盈亏状况。但这种关系是否在实际中产生了作用，以及国债规模与财政收入效应的联动关系的程度都是值得我们去探究的。国债发行在不同的国家会产生不同的结果，尤其是对于改革开放中的中国，其政策在发展过程中不断变化。在国债恢复发行的30年里，1994年是对国债发行影响最大的一年。在1994年之前，国债筹集的资金不是用于弥补财政赤字，而是作为财政收入的一部分，与其他财政收入一起用于基础设施的建设投资等其他财政支出；在1994年之后，国债的功能开始转变，国债成为弥补财政赤字的重要手段，国债不再是财政收入的一部分。显然，国债规模与财政收入效应之间的关系在1994年前后发生了变化。虽然国债已经成为财政收入的来源之一，但是两者在经济系统中相互反馈和影响，不只是简单的包含关系，即使国债余额、国债发行量与财政收入的相关系数显著，也难以明确国债规模与财政收入之间的复杂关系。下面通过 H-P 滤波方法剔除干扰成分，从国债与财政收入的偏离趋势图的对比（见图 3-3）中，可以直观地识别出我国国债规模与财政收入效应之间的联动性。

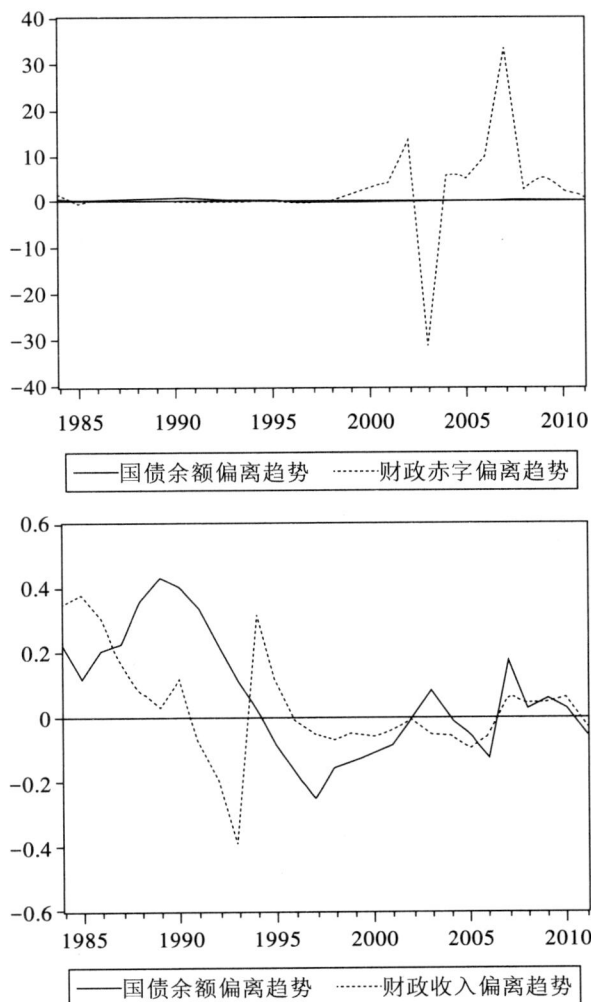

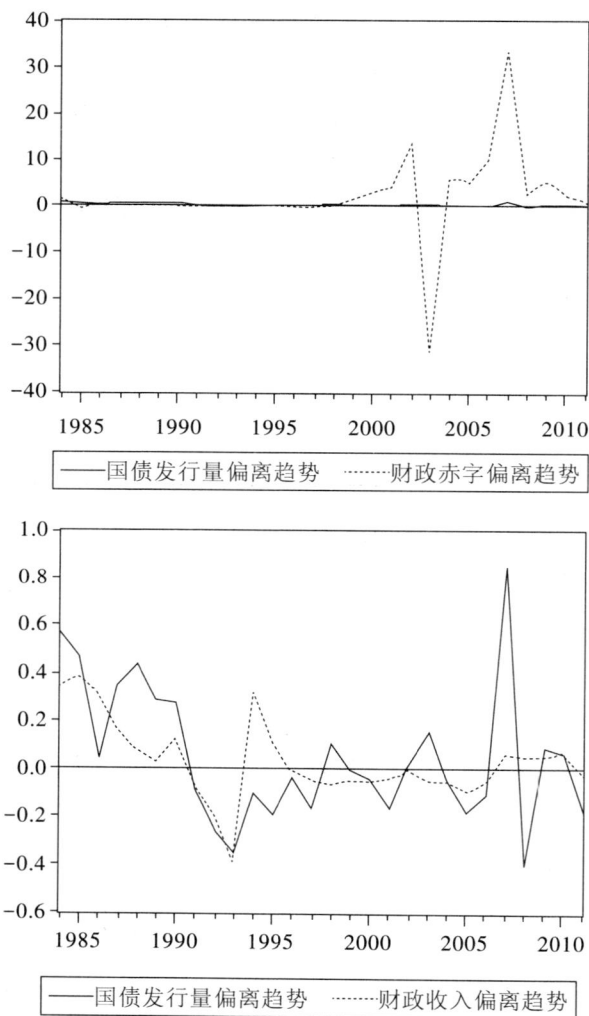

图 3-3　国债与财政收入的偏离趋势图（1984—2011年）

从图 3-3 中可以发现，财政收入和财政赤字的波动比国债规模的波动更大，国债余额与财政收入似乎具有相同的变化趋势，国债发行量与财政收入也存在一致变动的关系，即国债余额和国债发行量与财政收入之间存在正相关关系；但国债余额和国债发行量与财政赤字之间的关系不太明显，这主要是因为财政赤字的波动幅度过大，以致掩盖了国债规模的变动。如果以 1994 年为分界点分段考察偏离趋势图，则会发现在 1994 年之前国债余额和国债发行量与财政收入之间存在正相关关系；但在 1994 年之后，国债余额和国债发行量与财政收入之间的关系变得更加难以识别，这一现象的产生和 1994 年预算制度改革是相吻合的。

3.4 国债与宏观经济的 Granger 因果关系分析

3.4.1 Granger 因果关系检验方法

经济变量之间的相关关系一直是经济理论研究的重点，而不同数据类型使得相关性的分析没有达成统一的认识。在众多相关性中，变量之间的因果关系是影响经济因素的主要关系之一，所以对变量之间的因果关系的识别具有较大的理论意义和实践价值。

因果关系是指变量之间的依赖性，作为结果的变量是由作为原因的变量所决定的，原因变量的变化会引起结果变量的变化。因果关系不同于相关关系，在一个回归方程中，无法确定变量之间是否具有因果关系。虽然在大多数情况下回归方程中的解释变量都被默认为被解释变量的原因，但是这一因果关系是先验确定的，即在回归之前就已确定了。迫于回归方程的形式，等式右边被默认为因，等式左边被默认为果，这种由回归方程确定的因果关系除非得到理论的支持，否则得到的因果关系并不可靠。

在许多情况下，需要研究的变量并不具有理论上的支持，或者没有充分的信息可以识别变量之间的因果关系，即使理论上提出了研究变量之间的一种因果关系，也需要通过实证数据给予检验。Granger（1969）从预测的角度给出了因果关系的一种定义，由此得出的变量之间的关系，被称为 Granger 因果关系。

Granger 因果检验假定平稳时间序列 x 和 y 的全部信息包含在它们的时间序列之中，检验以下回归模型：

$$y_t = \sum_{i=1}^{q} \alpha_i x_{t-i} + \sum_{j=1}^{q} \beta_j y_{t-j} + u_{1t} \tag{3.12}$$

$$x_t = \sum_{i=1}^{s} \gamma_i x_{t-i} + \sum_{j=1}^{s} \omega_j y_{t-j} + u_{2t} \qquad (3.13)$$

其中，q 和 s 都是最大滞后阶数；α_i，β_j，γ_i，ω_j 都是待估计参数；白噪声 u_{1t} 与 u_{2t} 不相关。

式（3.12）中，零假设为 H_0：$\alpha_1 = \alpha_2 = \cdots = \alpha_q = 0$；式（3.13）中，零假设为 H_0：$\omega_1 = \omega_2 = \cdots = \omega_s = 0$。

为了检验此假设，通常利用 F 检验统计量，即：

$$F = \frac{(RSS_R - RSS_U)/q}{RSS_U/(n-k)} \sim F(q, n-k) \qquad (3.14)$$

其中，n 是样本容量；q 是滞后阶数，即受约束回归方程中待估计参数的个数；k 是无约束回归方程中待估计参数的个数。如果在选定的显著性水平（α）上计算的 F 值超过临界值 F_α，则拒绝零假设，表明滞后的 x 属于此回归方程，x 的变动引起了 y 的变动。

由于式（3.12）和式（3.13）存在不同的显著性系数，则 x 与 y 之间存在四种不同的相关关系：

①x 是引起 y 变化的原因，即存在由 x 到 y 的单向因果关系。如果式（3.12）中 x_{t-i} 的系数估计值在统计上整体显著不为零，即拒绝零假设，并且式（3.13）中 y_{t-j} 的系数估计值在统计上整体显著等于零，即不能拒绝零假设，则称 x 是引起 y 变化的原因。

②y 是引起 x 变化的原因，即存在由 y 到 x 的单向因果关系。如果式（3.13）中 y_{t-j} 的系数估计值在统计上整体显著不为零，即拒绝零假设，并且式（3.12）中 x_{t-i} 的系数估计值在统计上整体显著等于零，即不能拒绝零假设，则称 y 是引起 x 变化的原因。

③x 和 y 互为因果关系，既存在由 x 到 y 的单向因果关系，也存在由 y 到 x 的单向因果关系。如果式（3.12）中 x_{t-i} 的系数估计值在统计上整体显著不为零，即拒绝零假设，并且式（3.13）中 y_{t-j} 的系数估计值在统计上整体也显著不为零，也拒绝零假设，则称 x 和 y 互为因果关系。

④x 和 y 相互独立，即 x 与 y 之间不存在因果关系。如果式（3.12）中 x_{t-i} 的系数估计值在统计上整体显著等于零，即不能拒绝零假设，并

且式（3.13）中 y_{t-j} 的系数估计值在统计上整体也显著等于零，也不能拒绝零假设，则称 x 和 y 不存在因果关系。

尽管 Granger 因果检验在时间序列分析中简单便捷，但是其存在的局限性也应值得注意：

第一，Granger 因果检验模型中所含变量必须是同阶单整序列，因为对不同阶单整的时间序列进行回归，会出现伪回归的可能，所以 Granger 因果检验结果并不都是有效的。

第二，Granger 因果检验中的滞后长度 q 和 s 是任意选择的，并且因果检验的结果对滞后长度 q 和 s 的选择有时会很敏感，因此在进行 Granger 因果检验时，通常应对不同滞后长度分别进行试验，通过检查因果检验方程中的随机扰动项不存在序列相关来选择最佳的滞后长度。

第三，Granger 因果检验中的因果关系并不是真正意义上的因果关系，只是两个变量之间发生变化的先后逻辑顺序，对于 Granger 因果检验的结果，应该结合理论或其他方法综合判断。

3.4.2　国债与宏观经济的 Granger 因果关系分析

虽然从 3.3.2 节的偏离趋势图上没有识别出我国国债与宏观经济之间存在较强的联系，不论是国债与国内生产总值之间的关系，还是国债与财政收入之间的关系都较为模糊，但是不能就此肯定国债与宏观经济之间不存在关系。为了从统计上考察这种相关性的显著性，同时探求是国债促进了经济增长，还是经济引发了国债增加的这种逻辑关系，本节给出国债余额、国债发行量与国内生产总值、物价指数、财政收入之间的 Granger 因果关系检验。

1.国债与国内生产总值的 Granger 因果关系检验

在对变量进行 Granger 因果检验之前，首先需要保证变量是同阶单整的，否则会存在虚假回归。从 3.1.2 节中各个变量的单位根检验结果可知，lnS，lnGDP，lnP 均是一阶单整序列，表 3-7 为国债与国内生产总值之间 Granger 因果检验的结果。

表3-7　　　　国债与国内生产总值之间Granger因果检验的结果

原假设	统计值	p值	结论
lnS 不是 lnGDP 的 Granger 原因	2.446*	0.084	拒绝原假设
lnGDP 不是 lnS 的 Granger 原因	0.408	0.801	接受原假设
lnP 不是 lnGDP 的 Granger 原因	1.868	0.183	接受原假设
lnGDP 不是 lnP 的 Granger 原因	5.235**	0.030	拒绝原假设

注：*、**分别表示在10%、5%的显著性水平下拒绝原假设。

从表3-7的Granger因果检验结果可知，在10%的显著性水平下，国债余额是国内生产总值的Granger原因；在5%的显著性水平下，国内生产总值是国债发行量的Granger原因。这表明国债余额先行于国内生产总值的变动，国债可能对国内经济有一定的刺激作用，国内生产总值也会反过来刺激国债的发行。

2.国债与物价指数的Granger因果关系检验

理论上国债对通货膨胀有促进作用，但从国债与物价指数之间的偏离趋势图中并没有发现国债与物价指数之间存在强烈的相关关系。下面选取国债余额、国债发行量、国债负担率、居民消费价格指数以及工业品出厂价格指数五个变量，通过Granger因果检验来考察国债与通货膨胀效应之间的相关性，3.1.2节中的单位根检验已经表明lnCPI，lnPPI，SG，lnS，lnP都是一阶单整序列，表3-8为国债与物价指数之间Granger因果检验的结果。

表3-8　　　　国债与物价指数之间Granger因果检验的结果

原假设	统计值	p值	结论
lnCPI 不是 lnS 的 Granger 原因	2.61*	0.09	拒绝原假设
lnS 不是 lnCPI 的 Granger 原因	1.17	0.32	接受原假设
lnPPI 不是 lnS 的 Granger 原因	1.64	0.21	接受原假设
lnS 不是 lnPPI 的 Granger 原因	3.48**	0.03	拒绝原假设
lnCPI 不是 lnP 的 Granger 原因	1.12	0.40	接受原假设

续表

原假设	统计值	p值	结论
lnP 不是 lnCPI 的 Granger 原因	3.09**	0.05	拒绝原假设
lnPPI 不是 lnP 的 Granger 原因	3.11*	0.06	拒绝原假设
lnP 不是 lnPPI 的 Granger 原因	3.89**	0.03	拒绝原假设
lnCPI 不是 SG 的 Granger 原因	2.72*	0.09	拒绝原假设
SG 不是 lnCPI 的 Granger 原因	0.28	0.76	接受原假设
lnPPI 不是 SG 的 Granger 原因	3.62*	0.07	拒绝原假设
SG 不是 lnPPI 的 Granger 原因	2.11	0.19	接受原假设

注：*、**分别表示在 10%、5% 的显著性水平下拒绝原假设。

表 3-8 的 Granger 因果检验结果表明，在 10% 的显著性水平下，居民消费价格指数是国债余额的 Granger 原因，工业品出厂价格指数是国债发行量的 Granger 原因；在 5% 的显著性水平下，国债余额是工业品出厂价格指数的 Granger 原因，国债发行量是居民消费价格指数和工业品出厂价格指数的 Granger 原因。另外，在 10% 的显著性水平下，居民消费价格指数和工业品出厂价格指数还是国债负担率的 Granger 原因。从整体上来看，国债与物价指数之间存在很强的 Granger 因果关系，结合 3.3.2 节中的偏离趋势图可以看出，国债与通货膨胀之间相互影响，尤其是国债对通货膨胀的促进作用。这主要是因为大量发行国债使政府投资增加，从而导致经济增长，最终引起物价上涨。除此之外，从 Granger 因果检验的结论中不难发现国债对工业品出厂价格指数的刺激作用比对居民消费价格指数的刺激作用更为明显，产生这种现象的原因是发行国债会挤出私人投资，导致投资品的供给减少，引起投资品价格上升。这也意味着政府通过发行国债所筹集的资金并未有效地应用到国家的建设和投资上，以至于无法抵补发行国债对私人投资的挤出效应。

3.国债与财政收入的 Granger 因果关系检验

对国债与国内生产总值和物价指数进行 Granger 因果检验后，再从财政角度考察国债与宏观经济之间的 Granger 因果关系。3.3.2 节中的偏离趋势图表明国债与财政收入效应之间确实存在一定的联系，为了从统计上检验这种联系的显著性，并识别国债与财政收入效应之间相互影响的逻辑关系，表 3-9 给出了国债与财政变量之间 Granger 因果检验的结果。另外，3.1.2 节中的单位根检验已经表明 lnFI，FD，lnS，lnP 都是一阶单整非平稳序列。

表 3-9　　　　国债与财政变量之间 Granger 因果检验的结果

原假设	统计值	p 值	结论
lnFI 不是 lnS 的 Granger 原因	0.344	0.712	接受原假设
lnS 不是 lnFI 的 Granger 原因	1.234*	0.309	接受原假设
FD 不是 lnS 的 Granger 原因	2.482*	0.081	拒绝原假设
lnS 不是 FD 的 Granger 原因	2.212	0.109	接受原假设
lnFI 不是 lnP 的 Granger 原因	0.336	0.883	接受原假设
lnP 不是 lnFI 的 Granger 原因	2.313*	0.096	拒绝原假设
FD 不是 lnP 的 Granger 原因	6.378***	0.003	拒绝原假设
lnP 不是 FD 的 Granger 原因	2.508*	0.083	拒绝原假设

注：*、***分别表示在 10%、1% 的显著性水平下拒绝原假设。

表 3-9 的 Granger 因果检验结果表明，在 10% 的显著性水平下，国债余额并不是财政收入的 Granger 原因，财政赤字是国债余额的 Granger 原因，国债发行量是财政收入和财政赤字的 Granger 原因。此外，在 1% 的显著性水平下，财政赤字是国债发行量的 Granger 原因。国债规模与财政收入相关变量存在 Granger 因果关系，主要是因为发行国债作为财政收入的重要手段，对弥补国家的财政赤字发挥了重要的作用。

3.5　本章小结

本章主要从我国宏观经济的三个不同角度，即国内生产总值、通货膨胀和财政收入，通过 H-P 滤波方法、Granger 因果检验以及 Johansen 协整检验，考察了我国国债规模与宏观经济的波动性特征及相关关系。结论表明：我国国债规模比宏观经济变量波动更加剧烈，而且与宏观经济之间存在较为显著的相关关系，国债发行促进了国内生产总值的增长，同时可能挤出了私人投资，冲击到了居民消费价格指数和工业品出厂价格指数。另外，国债作为财政收入的一部分，对于弥补财政赤字起到了重要的作用。

第4章　国债规模对宏观经济冲击效应的实证分析

　　国债最主要的功能是弥补财政赤字、调节经济运行和筹集建设资金。各个国家由于经济体制和经济目标的不同，可以协调这三大功能，国债的发行对这三大功能的作用也不尽相同。有的国家发行国债主要是为了弥补财政赤字，有的国家则是为了筹集资金进行基础设施建设。但是，不论是出于什么样的目的，国债对一国的宏观经济有着重大的影响，而这种影响并不具有某种确定的模式。国债对经济的影响不仅会随着国家的不同而不同，还会在同一国家的不同发展阶段产生不同的作用，因此要识别国债规模与经济增长之间的关系及相关性，对其进行实证分析是很有必要的。

　　我国改革开放以来，经济发展迅速，国内生产总值屡创新高，国债规模不断扩大，国债负担率也一路攀升，从改革开放初期的1%到目前的14%左右。我国国内总体经济快速发展的30年，也正是国债恢复发行的30年。1981年我国国债恢复发行，为了使分析的结论更加可靠合理，本章选取了1981—2011年所有变量相应的年度数据，共31年的观测值。

在 1994 年之前，我国财政赤字可以直接向中央银行透支，国债发行数量较少，主要用于宏观经济的调控以及基础设施的建设。在 1994 年之后，国债发行的目的开始从投资建设向弥补财政赤字转移，国债在弥补财政赤字上的作用开始产生结构性突变。国债发行量从 1993 年的 527.7 亿元跃升至 1994 年的 1 137.55 亿元。为了避免断点对时间序列分析的影响，不影响参数估计时的自由度，31 年的时间序列将被分段考察。首先以年度数据考察 1981—2011 年国债规模对我国经济的影响，然后剔除 1994 年这一断点的影响，考察 1995—2011 年国债规模与经济增长之间的相关关系。分段考察国债规模与经济增长之间的相关关系，既可以知道整个改革开放 30 年间国债规模与我国总体经济之间的关系，又可以避免断点对时间序列分析的影响。

因为原始数据的数量级都较大且不相同，在分析之前对数据做了对数处理，以简化运算，同时也减少了异方差存在的可能性（详见附录表 1、表 2）。数据来源于《中国统计年鉴 1995》、《中国统计年鉴 2000》、《中国统计年鉴 2005》、《中国统计年鉴 2010》和 Wind 金融资讯终端，数据的处理和分析主要由 EViews6 完成。

4.1 向量自回归模型和脉冲响应函数

在建立回归模型时，外生变量和内生变量都被先验确定，而且在估计这些模型时，还必须考察方程组中的方程是可识别的，为达到识别的目的，常常要假定某些外生变量仅出现在某些方程之中。Sims（1980）认为这种决定往往是主观的，如果在一组变量中有真实的联立性，不能确定变量是外生还是内生时，那么这些变量就应该被平等对待，而不应该事先确定其是内生变量和外生变量。正是本着这一思想，Sims（1980）提出了向量自回归（VAR）模型。

向量自回归（VAR）模型不以经济理论为基础，也不区分内生变量和外生变量，而是将所有变量都看作内生变量构成的联立方程组，每一个方程都是变量的当期值对所有变量的滞后项进行回归。

在一个含有 n 个时间序列变量的 VAR 模型中，设滞后阶数为 q，则 VAR 模型的一般形式可表示为：

$$y_t = \mu_t + \sum_{i=1}^{q} A_i y_{t-i} + \varepsilon_t \qquad \varepsilon_t \sim IID\ (0,\ \textstyle\sum) \qquad (4.1)$$

其中，y_t 是由第 t 期 n 个时间序列变量构成的 n×1 列向量；y_{t-i} 是 y_t 滞后 i 期的滞后变量构成的 n×1 列向量；μ_t 是 n×1 阶常数项列向量；A_i 是 n×n 系数矩阵；ε_t 是由随机误差项构成的 n×1 列向量，并且有 cov（ε_{js}，ε_{jk}）=0，（j=1，2，…，n，且 s≠k）和 cov（y_{t-i}，ε_t）=0，（i=1，2，…，q）以及服从零均值的独立同分布，$\sum$ 是 ε_t 的协方差矩阵。

与同一时间序列模型或联立结构方程组模型相比，VAR 模型具有许多优点：

首先，在建立计量模型时不必对内生变量或外生变量进行设定，因为所有的变量都被看作是内生变量。这一点十分重要，因为联立结构方程组模型能够进行估计的前提条件是系统中每个方程都可以识别，本质上就是把部分变量处理为外生变量，且方程的右边包含不同的变量。虽然理论上建议将一些变量视为外生变量，但是大多数情况下这种设定可能是无效的。Sims 认为这种约束不具有可靠性，而 VAR 模型的估计却不需要施加这种约束。

其次，VAR 模型允许一个变量的值不仅仅只依赖于自身的滞后值和堆积扰动项，而且依赖于其他变量的滞后值。因此，它比一元自回归（AR）模型更加灵活合理，VAR 模型提供了一个非常丰富的结构，可以捕捉到数据更多的特征。

再次，VAR 模型等式的右边没有同期项，可以简单地对每个方程分别使用 OLS 法进行估计，这是因为方程等式右边的变量都是前定变量，即都是已知的，这表明方程等式左边的变量不是对右边变量的反馈。

最后，VAR 模型在预测方面比传统的结构模型更加准确。实证经验表明，大型结构方程组模型对样本外推测的精确度非常低，这是对结构方程进行约束以使方程能够识别所造成的影响。

尽管 VAR 模型拥有以上这些优势，但是相对其他模型仍存在不足之处，主要体现在：

（1）VAR模型缺乏理论基础。一方面，在设定模型时VAR模型使用了较少的有关变量之间关系的信息；另一方面，解除使联立方程组可以识别的约束条件。因此导致的结果是，难以对VAR模型进行理论分析，并给出相应的政策建议。

（2）VAR模型的滞后阶数不易确定。不同的滞后阶数会得到不同的结论，滞后阶数会直接影响结果的正确性和有效性。

（3）VAR模型中需要估计的参数太多。由于VAR模型中参数太多，因此在参数估计中大大消耗了自由度，不适用于小样本。

鉴于VAR模型是一个动态的模型，解释变量都是各个变量的滞后项，且每个方程都有相同的解释变量，从而构成一个相互作用的系统。于是，由VAR模型估计出的系数不能直接揭示解释变量对被解释变量的影响。要想对一个VAR模型做出结论，可以考察系统的脉冲响应函数。在实际应用中，由于VAR模型是一种非理论性模型，无须对变量做任何先验性约束，因此在分析VAR模型时，往往不是分析一个变量的变化对另一个变量的影响，而是分析当一个随机扰动项发生变化或者一个变量受到某种冲击时对系统的动态影响，这种分析方法即脉冲响应函数。

脉冲响应函数描述了内生变量对误差变化的反应，即用于衡量来自随机扰动项的一个标准差的冲击对内生变量当期值和未来值的影响。考察下面由两个变量构成的VAR（2）模型：

$$x_t = a_{11}x_{t-1} + a_{12}x_{t-2} + a_{13}y_{t-1} + a_{14}y_{t-2} + u_{1t} \tag{4.2}$$

$$y_t = a_{21}x_{t-1} + a_{22}x_{t-2} + a_{23}y_{t-1} + a_{24}y_{t-2} + u_{2t} \tag{4.3}$$

模型中随机误差项u_{1t}和u_{2t}都是白噪声序列，且互不相关。

由式（4.2）和式（4.3）构成的VAR（2）模型可知，如果u_{1t}发生变化，不仅当期的x值立即改变，而且会通过当前的x值影响到变量x和y未来的取值。脉冲响应函数试图描述这些影响的轨迹，显示任意一个变量的扰动是如何通过模型影响其他变量的，最终又反馈到自身的过程。

如式（4.1）所示，对于多变量的VAR（q）模型（在此省略常数项以简化推导过程）：

$$y_t = A_1 y_{t-1} + A_2 y_{t-2} + \cdots + A_q y_{t-q} + \varepsilon_t \tag{4.4}$$

其中，y_t 是由第 t 期 n 个时间序列变量构成的 $n \times 1$ 列向量；y_{t-q} 是 y_t 滞后 q 期的滞后变量构成的 $n \times 1$ 列向量；A_q 是 $n \times n$ 系数矩阵；q 是滞后长度；ε_t 是随机误差项。

引进滞后项 $L^i y_t = y_{t-i}$，$L^q y_t = y_{t-q}$，其中 $i = 1, 2, 3, \cdots, q$；那么式（4.4）可以写成：

$$(I_k - A_1 L - A_2 L^2 - \cdots - A_q L^q) y_t = \varepsilon_t \tag{4.5}$$

由此可以证明，如果一个向量自回归过程满足平稳性条件，则可以写成一个白噪声向量的无限移动平均过程，即：

$$y_t = (I_k + C_1 L + C_2 L^2 + \cdots + C_q L^q + \cdots) \varepsilon_t \tag{4.6}$$

那么由式（4.5）和式（4.6）可以得到：

$$(I_k - A_1 L - A_2 L^2 - \cdots - A_q L^q)^{-1} = (I_k + C_1 L + C_2 L^2 + \cdots + C_q L^q + \cdots) \tag{4.7}$$

在式（4.6）中，y_t 的第 i 个变量可以写成：

$$y_{it} = \sum_{j=1}^{n} (c_{ij}^{(0)} u_{jt} + c_{ij}^{(1)} u_{jt-1} + c_{ij}^{(2)} u_{jt-2} + \cdots) \tag{4.8}$$

因此，由 u_j 的变化冲击引起 y_i 的脉冲响应函数如下所示：

$$c_{ij}^{(0)}, c_{ij}^{(1)}, c_{ij}^{(2)}, \cdots \tag{4.9}$$

或者：

$$c_{ij}^{(s)} = \frac{\partial y_{i \cdot t+s}}{\partial u_{jt}} \quad (i=1, 2, 3, \cdots, n; \ s=0, 1, 2, \cdots; \ t=1, 2, \cdots, T) \tag{4.10}$$

$c_{ij}^{(s)}$ 作为 s 的函数，描述了在第 t 期时其他变量不变的情况下，$y_{i \cdot t+s}$ 对 u_{jt} 的一个新息的冲击反应，即脉冲响应函数。式（4.10）表示在第 t 期 j 个变量的随机扰动项增加一个单位，而其他时期的随机扰动项为常数时，对第 $t+s$ 期 i 个变量的影响。

4.2 国债冲击下经济增长的动态变化路径

4.2.1 国债余额冲击下经济增长的变化路径

第 3 章从直观意义上已经明确了国债与国内生产总值的相关关系，尽管两者不具有强烈的联动性，但是国债余额与国内生产总值的相关关系却是显著的。在复杂的经济系统中国债余额与经济增长之间的影响途径和方式仍不明确，下面将通过VAR模型和脉冲响应函数给出国债余额冲击下经济增长的变化路径。

由于1994年的预算制度改革，我国国债余额发生了结构性突变，为了保证结论不受到断点的影响，在建立国债余额与国内生产总值的VAR模型之前，利用lnGDP对lnS回归，首先对1994年这一断点给出理论上的检验（见表4-1）。

表4-1　　　　　　　　　　　Chow检验结果

统计量	统计量值	p值
F统计量	7.698286	0.0023
LR统计量	13.98815	0.0009
Wald统计量	15.39657	0.0005

注：样本区间为1981—2011年。

Chow检验结果中三个统计量在1%的显著性水平下都拒绝了1994年不存在断点的原假设，表明lnGDP对lnS的回归方程在1994年的确存在断点。那么接下来对1981—2011年的全样本进行分段考虑，以回避断点对估计结果的影响。首先利用lnGDP和lnS的全样本数据建立VAR模型，并做出脉冲响应函数，然后分别考察1981—1994年和1995—2011年的国债冲击对国内生产总值的影响。

进入VAR模型中的变量必须是平稳或同阶单整的序列，否则估计出的参数没有意义。3.1.2节中的平稳性检验显示，lnGDP和lnS都是一阶单整序列，因此可以建立VAR模型。根据4.1节中VAR模型的理论采用全样本数据建立lnGDP和lnS两个变量的VAR模型，通过反复试验，确定最优滞后长度为二阶，表4-2为全样本VAR模型的估计结果。

虽然VAR模型的反馈交叉作用及其动态特性，使得估计的系数很难给予明确解释，但是全样本VAR模型估计结果中大多数系数不显著，表明国内生产总值与国债余额之间不存在显著的相关关系，两者主要都是受到自身变化的冲击。尽管估计结果不显著，但是两者之间依然可能存在微弱的相关关系，下面通过脉冲响应函数来考察lnGDP与lnS之间的冲击反应和变化途径（见图4-1）。

表4-2 全样本 VAR 模型的估计结果

	C	lnGDP（−1）	lnGDP（−2）	lnS（−1）	lnS（−2）	R²
lnGDP	0.349697	1.500152***	−0.547013***	−0.006021	0.028675	
	(0.26520)	(0.17258)	(0.18033)	(0.04452)	(0.03735)	0.999348
	[1.31863]	[8.69240]	[−3.03339]	[−0.13523]	[0.76765]	
lnS	−1.021856	−0.551426	0.798125	0.899311***	−0.063910	
	(1.18841)	(0.77338)	(0.80811)	(0.19953)	(0.16739)	0.995890
	[−0.85985]	[−0.71301]	[0.98765]	[4.50722]	[−0.38180]	

注：第一个数是估计的系数，小括号中是标准差，中括号中是t值，***表示在1%的显著性水平下拒绝原假设。

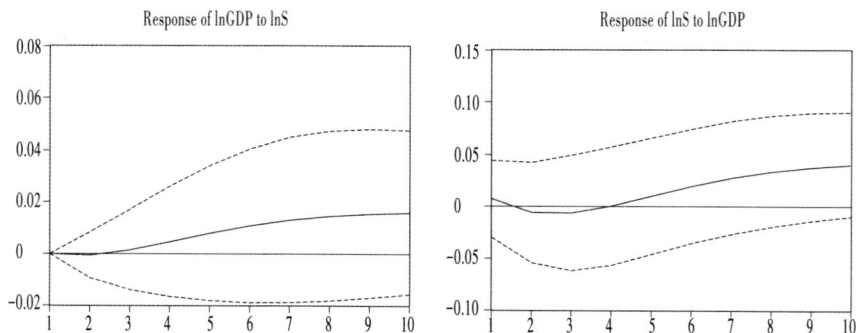

图4-1 lnGDP 和 lnS 的脉冲响应函数（1981—2011年）

通过脉冲响应函数可以发现国债余额的增加会引起国内生产总值在第3期（第3年）开始增加，然后一直持续下去。这显然表明国债余额的变化在短期内可能对经济增长没有影响，但在长期内国债余额与国内生产总值之间存在均衡关系，这与第3章的分析结论是一致的。同样，对于国内生产总值的变化，国债余额会在短期内有所下降，然后在第4期逐渐增加。这可能主要是因为经济的增长引起货币供应量的扩大，而中央银行在通过公开市场投放货币的同时，收回国债，一旦经济有所滑坡，政府开始增加国债的发行以刺激经济增长。政府对宏观经济的调控最终使国债余额对国内生产总值的脉冲响应函数出现先降后升的形态。

由于1994年国债余额的结构性突变会造成估计结果的偏误，为了保证结论的正确和有效，下面进行分段考察，采用1981—1994年的子样本数据建立lnGDP和lnS两个变量的VAR模型，其参数估计结果见表4-3。

表4-3　　　　　VAR模型的参数估计结果（1981—1994年）

	C	lnGDP（−1)	lnGDP（−2)	lnS（−1)	lnS（−2)	R^2
	1.134782	1.490223***	−0.654827	0.052230	0.017398	
lnGDP	（1.96572)	（0.38636)	（0.57161)	（0.27751)	（0.16539)	0.999641
	[0.57729]	[3.85707]	[−1.14558]	[0.18821]	[0.10519]	
	−4.011192	−0.289745	1.051787	0.471306	0.078072	
lnS	（2.49118)	（0.48964)	（0.72441)	（0.35169)	（0.20960)	0.997065
	[−1.61015]	[−0.59175]	[1.45192]	[1.34013]	[0.37249]	

注：第一个数是估计的系数，小括号中是标准误，中括号中是 t 值，***表示在1%的显著性水平下拒绝原假设。

VAR模型采用1981—1994年数据所估计出的参数大多数都不显著，主要是因为在1994年之前国债规模比较小，国债余额也较少，对整体经济的影响不大。下面通过脉冲响应函数进一步研究lnGDP与lnS之间的冲击反应和变化途径（见图4-2）。

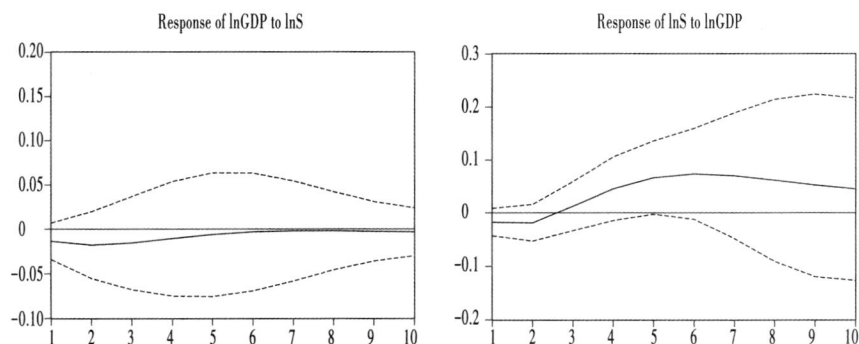

图4-2　lnGDP和lnS的脉冲响应函数（1981—1994年）

从图4-2中可以发现，国债余额对经济的冲击不大，主要还是由于1994年之前国债相对于国内生产总值的比例太小，对经济的影响不大。但国内生产总值的变化对国债余额的冲击影响同全样本情形一样，出现了先降后升的形态，这仍是国家宏观调控所导致的。

在 1994 年之前，发行国债所筹集的资金主要用于基础设施建设和投资，而且国债发行严重挤出了私人投资，所以国债的冲击反而使国内生产总值在第 1 期稍微下降，然后逐渐恢复到初始水平。在 1994 年之后，发行国债是弥补财政赤字的重要手段，国债的功能发生了转变，下面采用 1995—2011 年的子样本数据对国债余额与国内生产总值之间的相互影响进行分析，其参数估计结果见表 4-4。

表 4-4　　　　　VAR 模型的参数估计结果（1995—2011 年）

	C	lnGDP（-1）	lnGDP（-2）	lnS（-1）	lnS（-2）	R²
lnGDP	0.525056***	1.479719***	-0.558510***	-0.032202	0.074930***	
	(0.18586)	(0.16028)	(0.16138)	(0.02360)	(0.02608)	0.999641
	[2.82495]	[9.23224]	[-3.46089]	[-1.36458]	[2.87324]	
lnS	1.357465	-2.244327	2.151815	0.842567***	1.357465	
	(2.17456)	(1.87521)	(1.88808)	(0.27610)	(2.17456)	0.984517
	[0.62425]	[-1.19684]	[1.13968]	[3.05170]	[0.62425]	

注：第一个数是估计的系数，小括号中是标准误，中括号中是 t 值，*** 表示在 1% 的显著性水平下拒绝原假设。

1995—2011 年的子样本数据的估计系数显然比 1981—2011 年的全样本数据以及 1981—1994 年的子样本数据的估计系数要显著。在 1% 的显著性水平下，滞后两期的国债余额对国内生产总值产生正向的冲击。由于变量都做了对数处理，因此国内生产总值对于滞后两期的国债余额的弹性系数是 0.0749；相反，国内生产总值对国债余额的影响不大。下面进一步通过脉冲响应函数来分析 lnGDP 与 lnS 之间在国债功能转变后的冲击反应和变化途径（见图 4-3）。

从图 4-3 中可以看出，国债余额的冲击对国内生产总值有长期的促进作用。与此相反，国内生产总值的变动在短期内会造成国债余额的增加，然后逐渐下降，最后恢复到初始状态。这背后的原因是国债的经济作用逐渐发挥，国债开始受到政府的重视。尽管 1994 年之后国债作为财政收入的一部分用于弥补财政赤字，但是财政收入是政府投资的重要

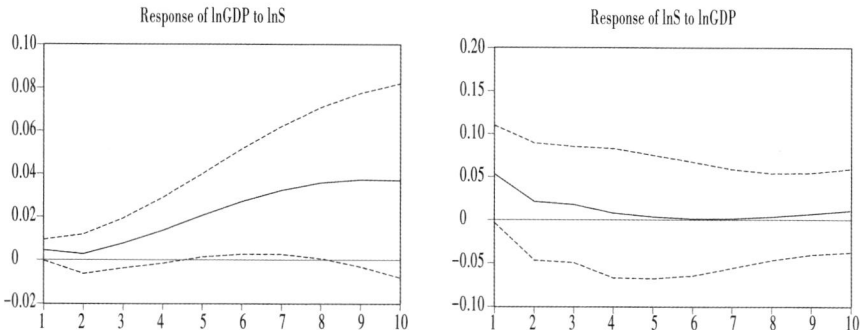

图4-3　InGDP和InS的脉冲响应函数（1995—2011年）

资金来源。因此，以国债规模在财政收入中所占的比重完全可以对宏观经济产生间接影响。对于国内生产总值的冲击，国债余额不再出现先降后升的形状，而是持续下降。这主要是由于国债功能的转变，政府为了稳定经济的增长，在经济增长后会大量发行国债以刺激经济，但是在经济发展的同时，财政收入的其他来源如税收也会相应增加，那么财政赤字可能会有所下降，从而用来弥补财政赤字的国债也会相应减少。

4.2.2　国债发行量冲击下经济增长的变化路径

前文对国债余额与国内生产总值之间的相互冲击反应和变化路径给予了实证考察，但国债余额始终受到国债发行量的直接影响，下面继续通过VAR模型和脉冲响应函数对国债发行量与国内生产总值之间相互冲击的影响进行研究。

同样由于1994年的预算制度改革，在建立国债发行量与国内生产总值的VAR模型之前，利用lnGDP对lnP回归，对1994年这一断点给出理论上的检验（见表4-5）。

表4-5　　　　　　　　　　　Chow检验结果

统计量	统计量值	p值
F统计量	1.595806	0.2213
LR统计量	3.463545	0.1770
Wald统计量	3.191611	0.2027

注：样本区间为1981—2011年。

　　Chow 检验结果都接受了原假设，表明 lnGDP 对 lnP 的回归方程在 1994 年并不存在断点，尽管与实际情况相悖，在这里仍接受理论检验的结果，对 1981—2011 年的全样本不进行分段考虑。取滞后长度为 2 阶，建立 VAR 模型，表 4-6 为 lnGDP 与 lnP 两个变量的 VAR 模型的参数估计结果。

表 4-6　　　　　VAR 模型的参数估计结果（1981—2011 年）

	C	lnGDP (−1)	lnGDP (−2)	lnP (−1)	lnP (−2)	R^2
lnGDP	0.149362	1.550543***	−0.564562***	−0.013755	0.019301	
	(0.19231)	(0.17875)	(0.18945)	(0.01442)	(0.01470)	0.999359
	[0.77667]	[8.67461]	[−2.97995]	[−0.95385]	[1.31273]	
lnP	−2.926079	−1.275748	1.804031	0.398248*	0.287692	
	(2.74773)	(2.55392)	(2.70692)	(0.20605)	(0.21008)	0.963126
	[−1.06491]	[−0.49953]	[0.66645]	[1.93279]	[1.36943]	

　　注：第一个数是估计的系数，小括号中是标准误，中括号中是 t 值，*、*** 分别表示在 10%、1% 的显著性水平下拒绝原假设。

　　lnGDP 与 lnP 两个变量的 VAR 模型的参数估计结果显示，两个变量除了受到自身变化的冲击外，不存在相互的影响。下面进一步通过脉冲响应函数来考察 lnGDP 与 lnP 之间的冲击反应和变化途径（见图 4-4）。

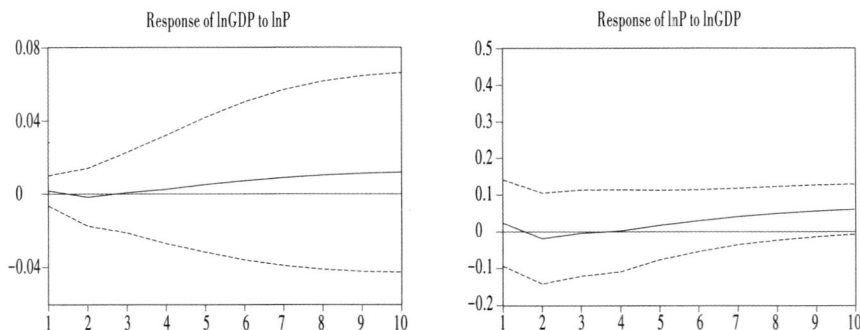

图 4-4　lnGDP 和 lnP 的脉冲响应函数（1981—2011 年）

　　国债发行量和国内生产总值的脉冲响应函数几乎与全样本情况下国债余额和国内生产总值的脉冲响应函数一样。国债发行量对国内生产总值产生了长期的、持续的影响，国债发行量对国内生产总值的脉冲响应函数也出现了先降后升的形状。这可能还是因为经济的增长引起货币供应量的增加，而中央银行在通过公开市场投放货币的同时，收回国债，一旦经济有所滑坡，政府便开始增加国债的发行以刺激经济增长。

4.3　国债冲击下财政收入的动态变化路径

4.3.1　国债发行量冲击下财政收入的变化路径

第3章从直观意义上已经明确了国债与国内生产总值的相关关系，两者具有明显的联动性，为了进一步分析两者的相互影响机制和冲击程度，下面通过 VAR 模型和脉冲响应函数给出国债发行量冲击下财政收入的变化路径。

由于1994年的预算制度改革，我国国债发行量发生了结构性突变，为了保证结论不受到断点的影响，在建立国债发行量与财政收入的VAR 模型之前，利用 lnFI 对 lnP 回归，对1994年这一断点给出理论上的检验（见表4-7）。

表4-7　　　　　　　　　　Chow检验结果

统计量	统计量值	p值
F统计量	19.59002	0.0001
LR统计量	27.79281	0.0000
Wald统计量	39.18005	0.0000

注：样本区间为1981—2011年。

Chow检验结果中三个统计量均在1%的显著性水平下拒绝了1994年不存在断点的原假设，表明在1994年的确存在断点。那么接下来对1981—2011年的全样本进行分段考虑，以回避断点对估计结果的影响。首先利用 lnFI 和 lnP 的全样本数据建立 VAR 模型，并做出脉冲响应函数，然后分别考察1981—1994年和1995—2011年的国债冲击对财政收入的影响。

VAR模型中的变量必须是平稳或同阶单整的序列，否则估计出的参数没有意义。3.1.2节中的单位根检验显示lnFI和lnP都是一阶单整序列，因此可以建立VAR模型。通过反复试验，确定最优滞后长度为二阶，表4-8为全样本VAR模型的估计结果。

表4-8 全样本VAR模型的估计结果

	C	lnFI（-1）	lnFI（-2）	lnP（-1）	lnP（-2）	R^2
lnFI	0.580185	0.818678	0.029750	-0.017939	0.122557	
	（0.37833）	（0.20473）	（0.20315）	（0.11467）	（0.11999）	0.968414
	[1.53355]	[3.99880]	[0.14644]	[-0.15644]	[1.02143]	
lnP	0.769141	-0.255958	0.169303	0.563488	0.450244	
	（0.61221）	（0.33130）	（0.32874）	（0.18555）	（0.19416）	0.961829
	[1.25633]	[-0.77260]	[0.51501]	[3.03679]	[2.31890]	

注：第一个数是估计的系数，小括号中是标准误，中括号中是t值。

虽然VAR模型的回馈交叉作用及其动态特性使得估计的系数很难被明确解释，但是在全样本VAR模型的估计结果中大多数系数不显著，表明财政收入与国债发行量之间不存在显著的关系，主要是因为两者都受到了自身变化的冲击。下面进一步通过脉冲响应函数来考察lnFI与lnP之间的冲击反应和变化途径（见图4-5）。

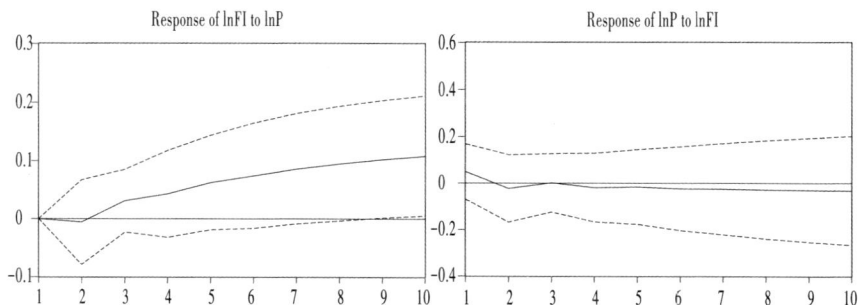

图4-5 lnFI和lnP的脉冲响应函数（1981—2011年）

从图4-5中可以看出，国债发行量的增加可以引起财政收入的持续增加，国债是财政收入的一部分。而对于财政收入的冲击，国债发行量在短期内增加后迅速恢复到初始水平，影响期限仅有两期。

　　由于 1994 年国债发行量的结构性突变会造成估计结果的偏误，为了保证结论的正确和有效，接下来进行分段考察，采用 1981—1993 年的数据建立 lnFI 和 lnP 两个变量的 VAR 模型，其参数估计结果见表 4-9。

表 4-9　　　　　　VAR 模型的参数估计结果（1981—1993 年）

	C	lnFI（-1）	lnFI（-2）	lnP（-1）	lnP（-2）	R²
lnFI	4.196826	0.678096	-0.297563	-0.032786	-0.047808	
	（1.09441）	（0.29828）	（0.24794）	（0.15673）	（0.15426）	0.700377
	［3.83478］	［2.27332］	［-1.20012］	［-0.20918］	［-0.30993］	
lnP	-2.390973	-0.437756	0.956183	0.721900	0.140265	
	（2.33747）	（0.63708）	（0.52957）	（0.33476）	（0.32946）	0.956939
	［-1.02289］	［-0.68712］	［1.80560］	［2.15650］	［0.42574］	

　　注：第一个数是估计的系数，小括号中是标准误，中括号中是 t 值。

　　表 4-9 中的参数估计结果恰好可以反映国债在 1994 年之前的主要功能。在 1994 年之前，国债不仅发行量少，而且其主要功能是为国家基础设施建设筹集资金，国债不属于财政收入的一部分，因此对财政收入的影响非常微弱。下面进一步通过脉冲响应函数来考察 lnFI 与 lnP 之间的冲击反应和变化途径（见图 4-6）。

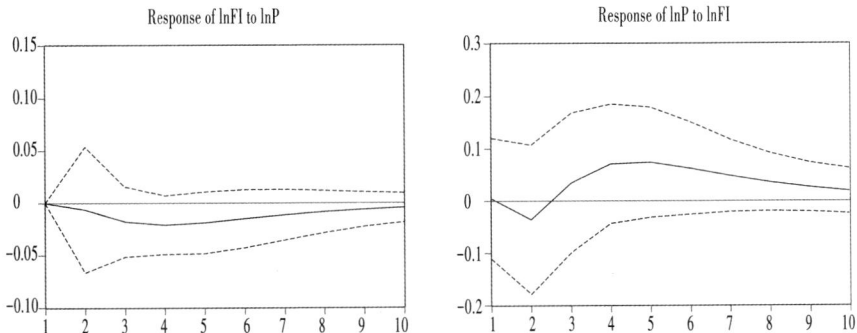

图 4-6　lnFI 和 lnP 的脉冲响应函数（1981—1993 年）

　　从图 4-6 中可以看出，脉冲响应函数同 VAR 模型的估计结果相似，在 1981—1993 年，国债发行量与财政收入之间不存在较强的关系。

在 1994 年之后，国债是弥补财政赤字的重要手段之一，国债的功能发生了转变，下面采用 1994—2011 年的子样本数据对国债发行量与财政收入之间的相互影响进行分析，其 VAR 模型的参数估计结果见表 4-10。

表 4-10　　　　VAR 模型的参数估计结果（1994—2011 年）

	C	lnFI（-1）	lnFI（-2）	lnP（-1）	lnP（-2）	R^2
lnFI	1.192179	0.446138	0.487873	-0.027085	-0.034421	
	(0.37494)	(0.21872)	(0.21234)	(0.14168)	(0.13869)	0.965508
	[3.17966]	[2.03975]	[2.29762]	[-0.19117]	[-0.24819]	
lnP	1.653082	0.149710	0.322007	0.011079	0.279502	
	(0.70997)	(0.41416)	(0.40207)	(0.26828)	(0.26261)	0.859304
	[2.32839]	[0.36148]	[0.80086]	[0.04130]	[1.06432]	

注：第一个数是估计的系数，小括号中是标准误，中括号中是t值。

采用 1994—2011 年的数据进行估计，得到的系数仍然不显著，下面通过脉冲响应函数进一步识别 lnFI 与 lnP 之间的冲击反应和变化途径（见图 4-7）。

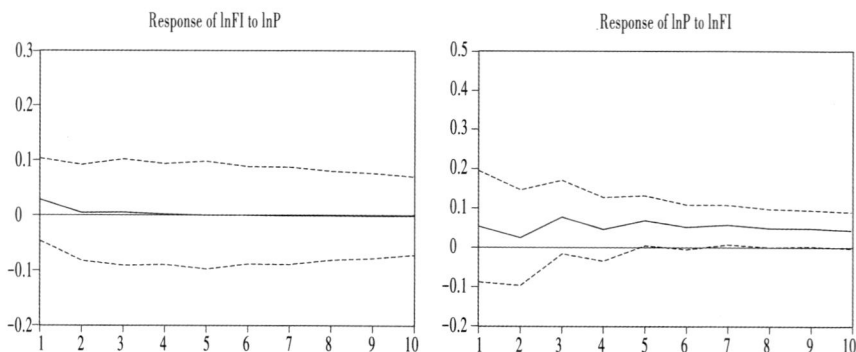

图 4-7　lnFI 和 lnP 的脉冲响应函数（1994—2011 年）

从图 4-7 中可以明显看出，由于 1994 年的预算制度改革，国债成为财政收入的一部分，国债发行量的增加也就相应地提高了财政收入。

通过构建 VAR 模型并考察脉冲响应函数，可发现我国国债主要在

1994年之后对财政收入产生影响，在1994年之前两者几乎不存在相关性。

4.3.2 国债发行量冲击下财政赤字的变化路径

除了财政收入外，财政赤字也是国家财政的另一项重要测度，下面通过VAR模型和脉冲响应函数给出国债发行量冲击下的财政赤字的变化路径。

同样因为1994年的预算制度改革，我国国债发行量发生突变，为了保证结论不受到断点的影响，在建立国债发行量与财政赤字的VAR模型之前，利用FD对lnP回归，首先对1994年这一断点给出理论上的检验（见表4-11）。

表4-11　　　　　　　　　Chow检验结果

统计量	统计量值	p值
F统计量	0.464040	0.6337
LR统计量	1.047670	0.5922
Wald统计量	0.928081	0.6287

注：样本区间为1981—2011年。

Chow检验结果中的三大统计量都接受了原假设，表明FD对lnP的回归方程在1994年并不存在断点，尽管与实际情况不符，在这里仍接受理论检验结果，对1981—2011年的全样本不进行分段考虑。确定最优滞后长度为二阶，建立VAR模型，表4-12为FD和lnP两个变量的VAR模型的参数估计结果。

从表4-12的参数估计结果中可以看出，财政赤字与国债发行量之间不存在相关关系，两者的变化仅仅来自自身的冲击。下面进一步通过脉冲响应函数来考察FD与lnP之间的冲击反应和变化途径（见图4-8）。

从图4-8中可以看出，国债发行量的正冲击会引起财政赤字在第1期突然上升，接着慢慢下降，回复到初始状态；对于财政赤字的正冲击，国债发行量会在第1期大幅度上升，在第2期下降到一定水平后便一直持续下去。这体现了国债弥补财政赤字的作用，国债发行量增加，

表4-12　　　　　VAR模型的参数估计结果（1981—2011年）

	C	FD（-1）	FD（-2）	lnP（-1）	lnP（-2）	R²
	70.71307	0.968718***	-0.563547**	-391.9057	379.3084	
FD	（428.407）	（0.19144）	（0.20908）	（351.045）	（351.182）	0.962920
	[0.16506]	[5.06011]	[-2.69532]	[-1.11640]	[1.08009]	
	0.447906*	-0.000130	8.31E-05	0.605313***	0.352396*	
lnP	（0.24268）	（0.00011）	（0.00012）	（0.19886）	（0.19894）	0.526583
	[1.84565]	[-1.20101]	[0.70133]	[3.04394]	[1.77140]	

注：第一个数是估计的系数，小括号中是标准误，中括号中是t值，*、**、***分别表示在10%、5%、1%的显著性水平下拒绝原假设。

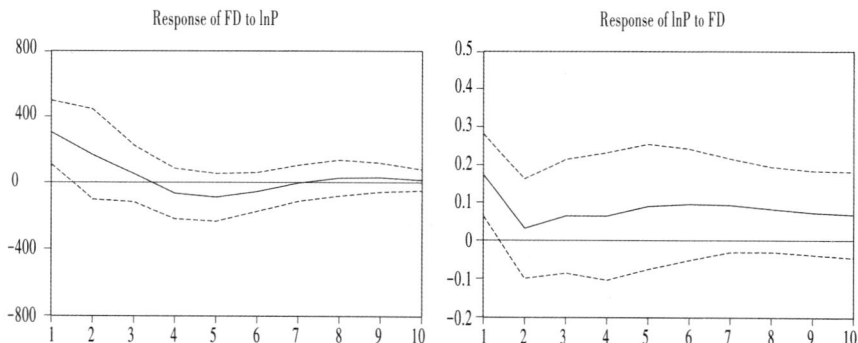

图4-8　FD和lnP的脉冲响应函数（1981—2011年）

财政赤字便减少；而财政赤字一旦增加，政府就会在短期内选择发行国债来弥补。

4.4　本章小结

　　由于1981—2011年国债变量发生了结构性变化，因此本章利用向量自回归（VAR）模型以及脉冲响应函数，对1981—2011年全样本数据进行分段考察，研究了我国国债规模与宏观经济波动之间的冲击反映关系。结论表明：国债余额的冲击对国内生产总值有长期的促进作用。与此相反，国内生产总值的变动在短期内会造成国债余额的增加，然后逐渐下降，最后恢复到初始状态。在 1994 年预算制度改革之前，我国国债发行数量较少，而且因为国债的挤出效应，使国债对经济的刺激作用大打折扣。1994 年之后，国债发行量大大增加，相对于 1994 年之前国债对经济的促进作用有所提高，但发行国债的目的是弥补财政赤字，因此仍然不能有效促进经济的增长。

第5章 国债规模与宏观经济的长期均衡和 短期波动分析

通货膨胀是指物价的持续上涨。货币学派代表人物 Milton Friedman（1988）认为：通货膨胀在任何时空条件下都只是一种货币现象，只有当物价水平向上移动是一个持续的过程时，才会形成通货膨胀现象。Catao 和 Terrones（2005）选取 107 个国家 1960—2001 年的数据，检验了财政赤字与通货膨胀之间的固有关系，并指出财政赤字与高通货膨胀之间存在正相关关系，即国债的增加会刺激通货膨胀。国内也有不少学者研究了我国国债规模与通货膨胀效应之间的关系，并进行了实证研究。陈启清（2006）利用 VAR 模型构建了国债与利率即通货膨胀的动态稳定性分析框架，发现虽然国债对实际利率和通货膨胀有一定的作用，但是影响小甚至可以忽略不计。洪源和罗宏斌（2007）对我国财政赤字的通胀风险进行了实证分析，结论表明我国财政赤字并不是通货膨胀产生的主要原因。总之，由于我国开始恢复发行国债较晚，实证分析的数据样本过少，得出的结论都不尽相同。本章将利用更多的样本和更新的数据直接对我国国债规模与通货膨胀效应之间的关系做出实证检验。

国债发行的主要目的是弥补财政赤字和增加公共投资，在理论上国债可以通过多种途径影响物价水平。首先，国债发行势必会影响流通中的货币，货币供应量的变动将导致物价的变动。其次，国债通过产出影响物价，发行国债筹集的资金投资到国家的生产和建设上，会导致总产出的变化，从而影响物价水平。最后，通过影响消费影响物价水平，国债的发行会占用私人资本，这会改变人们的消费期限，消费期限的变化最终会影响到物价水平。但在实际情形中，国债是否会成为货币等价物，引起物价的上涨，从而导致通货膨胀一直是经济学家争论不休的焦点。尤其是近年来我国国债发行量增加的同时，物价也不断上涨，引起了人们对国债发行的质疑。国债规模与通货膨胀效应之间是否存在某种联系有待探究，本章将进行国债规模与通货膨胀效应的实证分析。

本章除了选取国债余额（S）和国债发行量（P）表示国债规模外，还选取了国债负担率（SG）、居民消费价格指数（CPI）、工业品出厂价格指数（PPI）和广义货币供应量（M2）四个与通货膨胀存在密切关系的经济变量，利用相关性分析和计量模型来考察我国国债规模与通货膨胀效应之间的关系。之所以选用工业品出厂价格指数，是因为它与资本投资更加紧密，通过分析国债规模与工业品出厂价格指数之间的关系可以初步考察国债所筹资金的投向。1981年我国国债恢复了发行，因此在这里选用1981—2011年所有变量的年度数据进行分析，每个变量观察值共31个。

5.1 协整与误差修正模型

Engle 和 Granger 将协整与误差修正模型结合起来，建立了向量误差修正模型（Vector Error Correction Model，VEC 模型）。在 VAR 模型中的每个方程都是一个自回归分布滞后模型，因此 VEC 模型是含有协整约束的 VAR 模型，可应用于对具有协整关系的非平稳时间序列建模。

如果 y_t 所包含的 k 个 I（1）序列之间存在协整关系，那么不包含外生变量的式子可写为：

$$\Delta y_t = \alpha\beta'y_{t-1} + \sum_{i=1}^{p-1}\Gamma_i\Delta y_{t-i} + \varepsilon_t \qquad (t=1, 2, \cdots, T) \qquad (5.1)$$

其中，每个方程的误差项都具有平稳性。一个协整体系有多种表示形式，而用误差修正模型表示则是当前处理这种问题的普遍方法，即：

$$\Delta y_t = \alpha ecm_{t-1} + \sum_{i=1}^{p-1}\Gamma_i\Delta y_{t-i} + \varepsilon_t \qquad (5.2)$$

其中，每个方程都是一个误差修正模型。$ecm_{t-1} = \beta'y_{t-1}$ 是误差修正项向量，反映变量之间的长期均衡关系。系数矩阵 α 反映了变量之间偏离长期均衡状态时，将其调整到均衡状态的调整速度。所有作为解释变量的差分项的系数反映了各个变量的短期波动对作为被解释变量的短期变化的影响，剔除其中统计不显著的滞后差分项。

考虑到两个变量（y_1，y_2）有误差修正项，但没有滞后差分项的 VEC 模型。设误差修正项为：

$$ecm_t = y_{2t} - by_{1t} \qquad (t=1, 2, \cdots, T) \qquad (5.3)$$

则 VEC 模型为：

$$\Delta y_t = \alpha ecm_{t-1} + \varepsilon_t \qquad (t=1, 2, \cdots, T) \qquad (5.4)$$

另外，$\alpha = (\alpha_1, \alpha_2)'$ 写成单方程形式为：

$$\Delta y_{1t} = \alpha_1(y_{2t-1} - by_{1t-1}) + u_{1t} \qquad (5.5)$$

$$\Delta y_{2t} = \alpha_2(y_{2t-1} - by_{1t-1}) + \varepsilon_{2t} \qquad (5.6)$$

其中，α_1 和 α_2 均是调整速度。在这个简单的模型中，等式右端唯一的变量是误差修正项。在长期均衡中，这一误差修正项为零。然而，如果 y_1 和 y_2 在上一期偏离了长期均衡，则误差修正项非零，α_1 和 α_2 会将该模型向均衡状态调整。

为了检验回归方程残差的平稳性，Engle 和 Granger（1987）提出了两步检验法，称为 Engle-Granger 法或增广 Engle-Granger 法（AGE），其检验步骤为：

以两个变量为例，如果两个变量的单整阶数相同，那么进行以下检验：

第一步，如果两个变量 y_{1t} 和 y_{2t} 都是同阶单整的，利用 OLS 法估计长期均衡方程，即协整方程 $y_{1t} = b_0 + b_1 y_{2t} + \xi_t$，得到 $\hat{y}_{1t} = \hat{b}_0 + \hat{b}_1 y_{2t}$，以及

残差序列 $e_t = y_{1t} - \hat{y}_{1t}$，并作为均衡误差 ξ_t 的估计值。虽然估计出的协整向量 $(1, -\hat{b}_0, -\hat{b}_1)$ 是真实协整向量 $(1, -b_0, -b_1)$ 的一致估计值，但是这些系数估计值的标准误差估计值却不是一致估计值。因此，标准误差估计值往往不在协整回归结果中提供。

第二步，检验残差项 e_t 的平稳性。如果残差项 e_t 是平稳的，则变量 y_{1t} 和 y_{2t} 是协整关系，即 y_{1t} 和 y_{2t} 存在长期均衡关系；如果残差项 e_t 不是平稳的，则变量 y_{1t} 和 y_{2t} 不具有协整关系，即 y_{1t} 和 y_{2t} 不存在长期均衡关系。

具体做法是应用 Engle-Granger 法检验残差序列的时间序列，即使用 OLS 法估计下列形式的方程：

$$\Delta e_t = \beta e_{t-1} + \sum_{i=1}^{p} \beta_i \Delta e_{t-i} + \eta_t \tag{5.7}$$

采用 Engle-Granger 法进行检验时，原假设和备择假设分别为：H_0：$\beta=0$，H_1：$\beta<0$。

如果拒绝原假设，则 e_t 是平稳序列，说明两个变量 y_{1t} 和 y_{2t} 有协整关系；如果不能拒绝原假设，则 e_t 是非平稳序列，说明两个变量 y_{1t} 和 y_{2t} 没有协整关系。当 y_{1t} 和 y_{2t} 不是协整关系时，它们的任何线性组合都是非平稳的，因此残差项 e_t 也是非平稳序列。这也表明，对残差项 e_t 是否具有平稳性的检验，就是对 y_{1t} 和 y_{2t} 是否存在协整关系的检验。

Engle-Granger 法对于检验两个变量的协整关系较为有效，而且应用十分简单，但是仍有两点值得注意：一是上述的检验方程中包含常数项，因为对于 OLS 法的残差项 e_t 应满足 OLS 估计的经典假设，即残差应服从零均值的白噪声过程；二是 Dickey-Fuller 检验中 τ 统计量不适用于此检验，这里的 Dickey-Fuller 检验是针对协整回归计算出的残差项 e_t 而非真正的非均衡误差项 η_t 进行的，但 OLS 法采取的是最小平方和的原理，因此估计量 β 往往向下偏移，这样导致拒绝零假设的概率比实际情形要大，于是对残差项 e_t 平稳性检验的 Dickey-Fuller 临界值比正常的 Engle-Granger 临界值要小。

5.2 国债与经济增长的长期均衡和短期波动

5.2.1 国债余额对经济增长的影响

3.2.2 节的 Johansen 协整检验结果中的迹检验和最大特征值检验都表明，我国国内生产总值的对数值与国债余额的对数值之间存在协整关系。另外，通过上述的 Engle-Granger 法对 lnS 和 lnGDP 进行协整检验，结论也同样表明 lnS 与 lnGDP 之间存在协整关系。选取变量后，建立如下形式的长期均衡方程：

$$\ln GDP_t = \alpha_0 + \alpha_1 \ln S_{t-1} + \alpha_2 \ln CPI_t + \alpha_3 \ln FI_t + \varepsilon_t \qquad (5.8)$$

其中，α_0 是常数项；α_1、α_2、α_3 都是待估计参数；ε_t 是随机扰动项。

将误差修正项设为：

$$ecm_t = \hat{\varepsilon}_t \qquad (5.9)$$

其中，$\hat{\varepsilon}_t$ 是式（5.8）的估计残差。

得到误差修正项之后，建立如下形式的误差修正模型：

$$\Delta \ln GDP_t = \beta_0 + \beta_1 ecm_{t-1} + \beta_2 \Delta \ln S_{t-1} + \beta_3 \Delta \ln CPI_t + \beta_4 \Delta \ln FI_t + \eta_t \qquad (5.10)$$

由于 1994 年的预算制度改革，我国国债余额发生了结构性突变，为了保证结论不受到断点的影响，在建立国债余额与国内生产总值的长期均衡方程和短期波动方程之前，利用 $\ln GDP_t$ 对 $\ln S_{t-1}$、$\ln CPI_t$ 和 $\ln FI_t$ 回归，首先利用 Chow 检验方法对 1994 年这一断点给出理论上的检验（见表 5-1）。

表 5-1　　　　　　　　　　　Chow 检验结果

统计量	统计量值	p 值
F 统计量	18.54	0.000
LR 统计量	44.24	0.000
Wald 统计量	74.14	0.000

注：样本区间为 1982—2011 年。

在表 5-1 的 Chow 检验结果中，三个统计量在 1% 的显著性水平下都拒绝了1994年不存在断点的原假设，表明式（5.8）在1994年的确存在断点。那么接下来对1981—2011年的全样本进行分段考虑，以回避断点对估计结果的影响。首先利用 $\ln GDP_t$、$\ln S_{t-1}$、$\ln CPI_t$ 和 $\ln FI_t$ 对1981—1993年的数据进行分析，建立长期均衡关系式，根据式（5.8）得到如下估计方程[①]：

$$\ln GDP_t = 10.14 + 0.51 \ln S_{t-1} - 0.32 \ln CPI_t - 0.36 \ln FI_t + e_{1t}$$

$$t = (3.69)\ (3.14)\qquad (-0.71)\qquad (-1.6)\qquad\qquad (5.11)$$

$$R^2 = 0.98\qquad\qquad D.W. = 1.37$$

其中，e_{1t} 是式（5.11）的残差，经 AEG 检验，e_{1t} 是平稳的。

式（5.11）表明1981—1993年国内生产总值与滞后一期国债余额、居民消费价格指数以及财政收入之间存在长期稳定的均衡关系，而且国内生产总值的国债余额弹性系数为0.51。此外，$\ln CPI$ 与财政收入的系数不显著。

再根据式（5.10）得到如下误差修正模型的估计方程：

$$\Delta \ln GDP_t = 0.06 - 0.5ecm_{t-1} + 0.1\Delta \ln S_t + 0.01\Delta \ln CPI_t - 0.12\Delta \ln FI_t + e_{2t}$$

$$t = (1.05)\ (-0.98)\qquad (0.62)\qquad (0.02)\qquad\quad (-0.61)\quad (-0.67)\ (5.12)$$

$$R^2 = 0.15\qquad\qquad D.W. = 0.73$$

虽然误差修正模型中的误差修正项的系数不太显著，但符号正确，表明国内生产总值一旦偏离均衡值，则会通过经济系统调整到初始均衡值，只是这种调整速度比较缓慢，这再一次表明我国国债余额不能有效促进经济的增长。另外，国债余额的短期弹性系数与其他短期波动系数也均不显著，说明国债余额的变动在短期内无法冲击国内生产总值。

接下来选择1994—2011年的子样本进行考察，建立误差修正模型，同样根据式（5.8）得出的估计方程如下：

$$\ln GDP_t = 0.05 - 0.13 \ln S_{t-1} + 0.98 \ln CPI_t + 0.7 \ln FI_t + e_{3t}$$

$$t = (0.08)\ (-2.0)\qquad (7.37)\qquad (8.13)\qquad\qquad (5.13)$$

$$R^2 = 0.99\qquad\qquad D.W. = 0.96$$

其中，e_{3t} 是式（5.13）的残差，经 AEG 检验，e_{3t} 是平稳的。

式（5.13）表明1994—2011年国内生产总值与滞后一期国债余额、居民消费价格指数、财政收入之间存在长期稳定的均衡关系，而且国内

---

① 为了方便比较，有些方程的系数不显著或 D.W. 统计量较低，也都列了出来。本章以下处理方法相同。

生产总值的滞后一期国债余额弹性系数为−0.13，表明在1994年之后我国国债余额对国内生产总值的影响是负向的，即国债余额的增长会带来国内生产总值的下滑，这从侧面反映了国债发行对经济的挤出效应。另外，其他宏观变量都是显著的，而且对国内生产总值的影响都是正向的。

再根据式（5.10）得到如下误差修正模型的估计方程：

$$\Delta \ln GDP_t = 0.07 - 0.22 ecm_{t-1} - 0.09 \Delta \ln S_t + 0.4 \Delta \ln CPI_t + 0.21 \Delta \ln FI_t + e_{4t}$$
$$t = (7.27) \quad (-1.14) \quad (-2.62) \quad (3.41) \quad (3.37) \qquad (5.14)$$
$$R^2 = 0.62 \qquad\qquad D.W. = 1.1$$

虽然误差修正模型中的误差修正项的系数不显著，但是符号正确，表明国内生产总值一旦偏离均衡值，则会通过经济系统调整到初始均衡值，只是这种调整速度非常缓慢。在1994年之后，我国国债余额短期弹性系数对经济的增长和长期方程一样也是负向的，但是不显著。$\ln CPI$ 和 $\ln FI$ 短期波动项的系数均是显著的，说明居民消费价格指数和财政收入的变动在短期内可以冲击国内生产总值。

5.2.2　国债发行量对经济增长的影响

3.2.2节的Johansen协整检验结果中的迹检验和最大特征值检验都表明，我国国内生产总值的对数值与国债发行量的对数值存在协整关系。选取变量后，建立如下形式的长期均衡方程：

$$\ln GDP_t = \alpha_0 + \alpha_1 \ln P_{t-1} + \alpha_2 \ln CPI_t + \alpha_3 \ln FI_t + \varepsilon_t \qquad (5.15)$$

其中，α_0 是常数项；α_1、α_2、α_3 都是待估计参数；ε_t 是随机扰动项。

将误差修正项设为：

$$ecm_t = \hat{\varepsilon}_t \qquad (5.16)$$

其中，$\hat{\varepsilon}_t$ 是式（5.15）的估计残差。

得到误差修正项之后，建立如下形式的误差修正模型：

$$\Delta \ln GDP_t = \beta_0 + \beta_1 ecm_{t-1} + \beta_2 \Delta \ln P_{t-1} + \beta_3 \Delta \ln CPI_t + \beta_4 \Delta \ln FI_t + \varepsilon_t \qquad (5.17)$$

由于1994年的预算制度改革，我国国债发行量发生了结构性突变，为了保证结论不受到断点的影响，在建立国债发行量与国内生产总值的长期均衡方程和短期波动方程之前，利用 $\ln GDP_t$ 对 $\ln P_{t-1}$、$\ln CPI_t$ 和 $\ln FI_t$ 回归，首先利用 Chow 检验方法对1994年这一断点给出理论上的检验（见表5-2）。

统计量	统计量值	p值
F统计量	46.04	0.000
LR统计量	67.13	0.000
Wald统计量	184.15	0.000

表5-2　　　　　　　　　　Chow检验结果

注：样本区间为1982—2011年。

在表5-2的Chow检验结果中，三个统计量在1%的显著性水平下都拒绝了1994年不存在断点的原假设，表明式（5.15）在1994年的确存在断点。那么接下来对1981—2011年的全样本进行分段考虑，以回避断点对估计结果的影响。首先利用 $\ln GDP_t$、$\ln P_{t-1}$、$\ln CPI_t$ 和 $\ln FI_t$ 对1981—1993年的数据进行分析，建立长期均衡关系式，根据式（5.15）得到如下估计方程：

$$\ln GDP_t = 0.74 - 0.27 \ln P_{t-1} + 1.66 \ln CPI_t + 0.16 \ln FI_t + e_{5t}$$
$$t = (0.89) \quad (-2.26) \quad (6.27) \quad (1.38) \tag{5.18}$$
$$R^2 = 0.98 \quad D.W. = 1.51$$

其中，e_{5t} 是式（5.18）的残差，经AEG检验，e_{5t} 是平稳的。

利用1981—1993年的子样本数据得到长期均衡方程，得出国内生产总值对国债发行量上一期滞后的弹性系数为-0.27，表明国内生产总值对上一期的国债发行量不仅缺乏弹性，而且上一期国债发行量的增加导致了国内生产总值的下降，说明了国债具有挤出效应。

再根据式（5.17）的形式得到误差修正模型，估计方程中误差修正项系数为正且不显著，这里就不列出了。

接下来选择1994—2011年的子样本数据进行考察，建立误差修正模型，同样根据式（5.15）得出估计方程如下：

$$\ln GDP_t = -0.57 - 0.07 \ln P_{t-1} + 1.13 \ln CPI_t + 0.58 \ln FI_t + e_{6t}$$
$$t = (-0.93) \quad (-3.45) \quad (9.52) \quad (25.43) \tag{5.19}$$
$$R^2 = 0.99 \quad D.W. = 1.43$$

其中，e_{6t} 是式（5.19）的残差，经AEG检验，e_{6t} 是平稳的。

可从式（5.19）得出国内生产总值对上一期国债发行量的弹性系数为-0.07，对1981—1993年的子样本而言其影响减小，但国债发行量的增加仍会导致国内生产总值的下降，这主要是因为我国还是以第二产业为主，资本主要集中于生产性资本，所以国债发行具有挤出效应。另外，lnCPI和lnFI短期波动项的系数均为显著。

接下来根据式（5.17）得到如下误差修正模型的估计方程：

$$\Delta \ln GDP_t = 0.06 - 0.25 ecm_{t-1} - 0.02\Delta \ln P_{t-1} + 0.49\Delta \ln CPI_t + 0.2\Delta \ln FI_t + e_{7t}$$
$$t = (4.84) \quad (-1.15) \quad (-1.76) \quad (3.24) \quad (2.91) \quad\quad (5.20)$$
$$R^2 = 0.51 \qquad\qquad D.W. = 0.85$$

虽然式（5.20）中的误差修正项的系数不显著，但是符号正确，表明国内生产总值一旦偏离均衡值，则会通过经济系统调整到初始均衡值，只是这种调整速度非常缓慢，上一期国债发行量的短期弹性系数是负的，这再一次表明发行国债会导致国内生产总值的下降。另外，lnCPI和lnFI短期波动项的系数均为显著，说明居民消费价格指数和财政收入的变动在短期内可以冲击国内生产总值。

上述内容分别对国债余额、国债发行量与国内生产总值建立了协整方程和误差修正模型，并分段考察国内生产总值与国债的关系。结论表明：虽然两者之间存在长期均衡关系，但是国债余额和国债发行量对国内生产总值的影响在大多数方程中都是负向的，说明了国债余额和国债发行量的增长将导致国内生产总值的下降，显示出国债对经济的挤出效应。

5.3 国债与价格指数的长期均衡与短期波动

5.3.1 国债余额对CPI的影响

3.2.2节中的Johansen协整检验结果表明，居民消费价格指数的对数值与国债余额的对数值之间存在协整关系。另外，利用Engle-Granger法对lnS和lnCPI进行协整检验，结论也同样表明lnS与lnCPI之间存在协整关系。选取变量后，建立如下形式的长期均衡方程：

$$\ln CPI_t = \alpha_0 + \alpha_1 \ln S_{t-1} + \alpha_2 \ln GDP_t + \alpha_3 \ln M2_t + \alpha_4 \ln FI_t + \xi_t \qquad (5.21)$$

其中，α_0是常数项；α_1、α_2、α_3、α_4都是待估计参数；ξ_t是随机扰

动项。

将误差修正项设为：

$$ecm_t = \hat{\xi}_t \tag{5.22}$$

其中，$\hat{\xi}_t$ 是式（5.21）的估计残差。

得到误差修正项之后，建立如下形式的误差修正模型：

$$\Delta \ln CPI_t = \beta_0 + \beta_1 ecm_{t-1} + \beta_2 \Delta \ln S_{t-1} + \beta_3 \Delta \ln GDP_t + \beta_4 \Delta \ln M2_t + \beta_5 \Delta \ln FI_t + \zeta_t \tag{5.23}$$

由于 1994 年的预算制度改革，我国国债余额发生了结构性突变，为了保证结论不受到断点的影响，在建立国债余额与居民消费价格指数的长期均衡方程和短期波动方程之前，利用 $\ln CPI_t$ 对 $\ln S_{t-1}$、$\ln GDP_t$、$\ln M2_t$、$\ln FI_t$ 回归，首先利用 Chow 检验方法对 1994 年这一断点给出理论上的检验（见表 5-3）。

表 5-3　　　　　　　　　　　Chow 检验结果

统计量	统计量值	p 值
F 统计量	80.324	0.000
LR 统计量	91.451	0.000
Wald 统计量	401.622	0.000

注：样本区间为 1982—2011 年。

在表 5-3 的 Chow 检验结果中，三个统计量在 1% 的显著性水平下都拒绝了 1994 年不存在断点的原假设，表明式（5.21）在 1994 年的确存在断点。那么接下来对 1981—2011 年的全样本进行分段考虑，以回避断点对估计结果的影响。首先利用 1981—1993 年的数据进行分析，建立长期均衡关系式，根据式（5.21）得到如下估计方程：

$$\ln CPI_t = 8.155 + 0.493 \ln S_{t-1} - 0.113 \ln GDP_t - 0.144 \ln M2_t - 0.55 \ln FI_t + e_{8t}$$
$$t = (3.62) \quad (4.21) \quad (-0.415) \quad (-1.066) \quad (-5.67) \tag{5.24}$$
$$R^2 = 0.99 \quad D.W. = 2.076$$

其中，e_{8t} 是式（5.24）的残差，经 AEG 检验，e_{8t} 是平稳的。

利用 1981—1993 年的数据估计出的国债余额滞后一期的弹性系数显著，系数值为 0.493，说明从长期来看国债余额的增长将促使居民消费价格指数上涨，上一期国债余额增长 1%，居民消费价格指数就会上涨 0.493%。

利用式（5.23）进一步估计出误差修正模型的参数，得到如下形式的估计方程：

$$\Delta \ln CPI_t = 0.09 - 1.1ecm_{t-1} + 0.237\Delta \ln S_{t-1} - 0.4\Delta \ln GDP_t - 0.16\Delta \ln M2_t - 0.3\Delta \ln FI_t + e_{9t}$$
$$t = (2.1)\ (-3.5)\ (1.87)\quad (-1.4)\quad (-1.6)\quad (-2.9)$$
$$R^2 = 0.853 \qquad D.W. = 1.85 \tag{5.25}$$

采用 1981—1993 年数据建立的误差修正模型中误差修正项系数显著为负，系数值为 -1.1，表明居民消费价格指数在偏离与国债余额、国内生产总值、财政收入构建的均衡后，能够较快恢复到初始均衡状态。国债余额滞后一期的短期弹性系数为正，说明短期内国债余额的增长对居民消费价格指数的影响为正，上一期国债余额增长 1%，居民消费价格指数就会上涨 0.237%。

下面选取 1994—2011 年的数据进行分析。根据式（5.21）得到居民消费价格指数与相关变量的长期关系式：

$$\ln CPI_t = 1.066 + 0.07 \ln S_{t-1} + 0.72 \ln GDP_t + 0.094 \ln M2_t - 0.518 \ln FI_t + e_{10t}$$
$$t = (1.85)\ (0.96)\quad (4.58)\quad (0.834)\quad (-4.205) \tag{5.26}$$
$$R^2 = 0.95 \qquad D.W. = 1.109$$

其中，e_{10t} 是式（5.26）的残差，经 AEG 检验，e_{10t} 是平稳的。

从居民消费价格指数与各个变量的长期关系式中可知，居民消费价格指数主要还是受到国内生产总值的影响，在其他条件不变的情况下，上一期国债余额的增加将导致居民消费价格指数上涨，但是国债余额的弹性系数不显著。

利用式（5.26）进一步估计出误差修正模型的参数，得到如下形式的估计方程：

$$\Delta \ln CPI_t = -0.05 - 0.9ecm_{t-1} + 0.15\Delta \ln S_{t-1} + 0.96\Delta \ln GDP_t + 0.2\Delta \ln M2t - 0.4\Delta \ln FI_t + e_{11t}$$
$$t = (-1.03)(-2.88)\ (2.5)\quad (2.2)\quad (1.03)\quad (-4.6)$$
$$R^2 = 0.835 \qquad D.W. = 1.4 \tag{5.27}$$

采用 1994—2011 年数据建立的误差修正模型中误差修正项系数显著为负，系数值为 -0.9，表明居民消费价格指数在偏离与国债余额、国内生产总值、广义货币供应量构建的均衡后，能够较快恢复到初始均衡状态。和 1994 年前一样，上一期国债余额的短期弹性系数也是正的，说明滞后一期国债余额增长1%，居民消费价格指数就会上涨0.15%。

5.3.2　国债发行量对CPI的影响

为了考察国债发行量对居民消费价格指数的影响，本书除了选取国债发行量外，还选取了对居民消费价格指数有重要影响的变量，分别是国内生产总值、广义货币供应量和国债负担率。选取变量后，建立如下形式的长期均衡方程：

$$\ln CPI_t = \alpha_0 + \alpha_1 \ln P_{t-1} + \alpha_2 \ln GDP_t + \alpha_3 \ln M2_t + \alpha_4 SG_t + \xi_t \tag{5.28}$$

其中，α_0是常数项；α_1、α_2、α_3、α_4都是待估计参数；ξ_t是随机扰动项。

将误差修正项设为：

$$ecm_t = \hat{\xi}_t \tag{5.29}$$

其中，$\hat{\xi}_t$是式（5.28）的估计残差。

得到误差修正项之后，建立如下形式的误差修正模型：

$$\Delta \ln CPI_t = \beta_0 + \beta_1 ecm_{t-1} + \beta_2 \Delta \ln P_{t-1} + \beta_3 \Delta \ln GDP_t + \beta_4 \Delta \ln M2_t + \beta_5 \Delta SG_t + \xi_t \tag{5.30}$$

由于国债发行量在1994年剧增，可能存在断点，因此在建立国债发行量与居民消费价格指数的长期均衡方程和短期波动方程之前，利用$\ln CPI_t$对$\ln P_{t-1}$、$\ln GDP_t$、$\ln M2_t$、SG_t回归，首先利用Chow检验方法对1994年这一断点给出理论上的检验（见表5-4）。

表5-4　　　　　　　　　　　Chow检验结果

统计量	统计量值	p值
F统计量	42.829	0.000
LR统计量	73.806	0.000
Wald统计量	214.145	0.000

注：样本区间为1982—2011年。

在表5-4的Chow检验结果中，三个统计量在1%的显著性水平下都拒绝了1994年不存在断点的原假设，表明式（5.28）在1994年的确存在断点。那么接下来对1981—2011年的全样本进行分段考虑，以回避断点对估计结果的影响。首先利用1981—1993年的数据进行分析，建立长期均衡关系式，根据式（5.28）得到如下估计方程：

$$\ln CPI_t = -0.56 + 0.25 \ln P_{t-1} + 0.62 \ln GDP_t - 0.11 \ln M2_t - 0.005 SG_t + e_{12t}$$
$$t = (-0.64) \quad (4.5) \quad (3.66) \quad (-1.0) \quad (-0.14) \qquad (5.31)$$
$$R^2 = 0.992 \qquad D.W. = 2.24$$

其中，e_{12t}是式（5.31）的残差，经AEG检验，e_{12t}是平稳的。

从居民消费价格指数与各个变量的长期关系式中可知，在国内生产总值、广义货币供应量和国债负担率不变的情况下，国债发行量滞后一期的弹性系数为正，说明上一期国债发行量的增加将导致居民消费价格指数上涨，即上一期国债发行量增加1%，居民消费价格指数就会上涨0.25%。国债发行量的增加之所以会引起居民消费价格指数的上升，是因为发行国债一方面会挤出私人投资，造成商品市场供应减少，另一方面会刺激经济发展，最终引起居民消费价格指数上升。

下面根据式（5.31）进一步估计出误差修正模型，得到如下形式的估计方程：

$$\Delta \ln CPI_t = 0.06 - 1.5 ecm_{t-1} + 0.17 \Delta \ln P_{t-1} + 0.1 \Delta \ln GDP_t - 0.15 \Delta M2_t + 0.03 \Delta SG_t + e_{13t}$$
$$t = (1.0) \ (-3.8) \quad (2.98) \quad (0.24) \quad (-1.63) \quad (0.57)$$
$$R^2 = 0.867 \qquad D.W. = 1.9$$

$$(5.32)$$

式（5.31）中的误差修正项系数的估计值显著为负，系数值为-1.5，表明居民消费价格指数在与其相关变量构建的均衡中一旦偏离，可以通过经济系统自身调整到初始均衡状态，而且短期波动项中的国债发行量的弹性系数显著，系数值为0.17，说明滞后一期的国债发行量增加1%，居民消费价格指数就会上涨0.17%。

分析1981—1993年的数据之后，再次选用1994—2011年的数据作为子样本进行分析。根据式（5.28）得到如下形式的估计方程：

$$\ln CPI_t = 3.49 + 0.07 \ln P_{t-1} + 0.17 \ln GDP_t + 0.05 \ln M2_t - 0.02 SG_t + e_{14t}$$
$$t = (7.94) \ (2.28) \quad (1.02) \quad (0.35) \quad (-3.1) \qquad (5.33)$$
$$R^2 = 0.92 \qquad D.W. = 1.6$$

其中，e_{14t}是式（5.33）的残差，经AEG检验，e_{14t}是平稳的。

采用1994—2011年数据作为子样本估计得到的长期关系式中的系数除了国内生产总值、广义货币供应量外，其他相关变量系数的估计值均显著，并且滞后一期的国债发行量的弹性系数显著，系数值为0.07，上一期国债发行量增加1%，居民消费价格指数就会上涨0.07%。

接下来建立误差修正模型，根据式（5.33）得到如下估计方程：

$$\Delta \ln CPI_t = -0.07 - 0.91 ecm_{t-1} + 0.08 \Delta \ln P_{t-1} + 0.46 \Delta \ln GDP_t + 0.34 \Delta M2t - 0.01 \Delta SG_t + e_{15t}$$

$$t = (-1.25) \quad (-4.39) \quad (4.05) \quad (1.07) \quad (1.94) \quad (-2.67)$$

$$R^2 = 0.78 \qquad D.W. = 1.55$$

（5.34）

误差修正模型中误差修正项系数显著为负，系数值为-0.91，居民消费价格指数在其与相关变量构建的均衡中一旦偏离，可以通过经济系统自身调整到初始均衡状态，并且短期内滞后一期国债发行量的弹性系数显著，系数值为0.08，说明滞后一期的国债发行量增加1%，居民消费价格就会上涨0.08%。这主要是因为发行国债能刺激经济增长，从而引起物价上涨。

5.3.3 国债余额对PPI的影响

3.2.2节中的Johansen协整检验结果表明，工业品出厂价格指数的对数值与国债余额的对数值之间存在协整关系。选取变量后，建立如下形式的长期均衡方程：

$$\ln PPI_t = \alpha_0 + \alpha_1 \ln S_{t-1} + \alpha_2 \ln GDP_t + \alpha_3 \ln M2_t + \alpha_4 \ln FI_t + \omega_t$$ （5.35）

其中，α_0是常数项；α_1、α_2、α_3、α_4都是待估计参数；ω_t是随机扰动项。

将误差修正项设为：

$$ecm_t = \hat{\omega}_t$$ （5.36）

其中，$\hat{\omega}_t$是式（5.35）的估计残差。

得到误差修正项之后，建立如下形式的误差修正模型：

$$\Delta \ln PPI_t = \beta_0 + \beta_1 ecm_{t-1} + \beta_2 \Delta \ln S_{t-1} + \beta_3 \Delta \ln GDP_t + \beta_4 \Delta \ln M2_t + \beta_5 \Delta \ln FI_t + \upsilon_t$$

（5.37）

由于国债发行量在1994年剧增，可能存在断点。因此，在建立国债余额与工业品出厂价格指数的长期均衡方程和短期波动方程之前，利用$\ln PPI_t$对$\ln S_{t-1}$、$\ln GDP_t$、$\ln M2_t$、$\ln FI_t$回归，首先利用Chow检验方法对1994年这一断点给出理论上的检验（见表5-5）。

表5-5 Chow检验结果

统计量	统计量值	p值
F统计量	74.27	0.000
LR统计量	89.22	0.000
Wald统计量	371.37	0.000

注：样本区间为1982—2011年。

在表5-5的Chow检验结果中，三个统计量在1%的显著性水平下都拒绝了1994年不存在断点的原假设，表明式（5.35）在1994年的确存在断点。那么接下来对1981—2011年的全样本进行分段考虑，以回避断点对估计结果的影响。首先利用1981—1993年的数据进行分析，建立长期均衡关系式，根据式（5.35）得到如下估计方程：

$$\ln PPI_t = 5.88 + 0.31 \ln S_{t-1} + 0.03 \ln GDP_t + 0.06 \ln M2_t - 0.55 \ln FI_t + e_{16t}$$
$$t = (1.97) \quad (1.99) \qquad (0.08) \qquad (0.36) \qquad (-4.22)$$
$$R^2 = 0.98 \qquad\qquad D.W. = 1.6 \tag{5.38}$$

其中，e_{16t}是式（5.38）的残差，经AEG检验，e_{16t}是平稳的。

式（5.38）的估计结果显示，滞后一期的国债余额对工业品出厂价格指数的影响显著为正，上一期的国债余额增加1%，工业品出厂价格指数就会上涨0.31%。在式（5.38）的基础上建立误差修正模型，得出如下形式的估计方程：

$$\Delta \ln PPI_t = 0.09 - 0.85 ecm_{t-1} + 0.07 \Delta \ln S_{t-1} - 0.18 \Delta \ln GDP_t - 0.04 \Delta \ln M2_t - 0.3 \Delta \ln FI_t + e_{17t}$$
$$t = (1.38) \quad (-2.1) \qquad (0.33) \qquad\quad (-0.41) \qquad\quad (-0.24) \qquad (-1.77)$$
$$R^2 = 0.75 \qquad\qquad D.W. = 1.8$$

$$\tag{5.39}$$

误差修正模型的估计结果显示，误差修正模型中误差修正项系数显著为负，系数值为-0.85，表明工业品出厂价格指数在偏离与国债余额、国内生产总值、广义货币供应量构建的均衡后，能够很快恢复到初始均衡状态。上一期国债余额的短期弹性系数显著为正，说明上一期国债余额在短期内会引起工业品出厂价格指数上升。

下面对1994—2011年的数据进行分析。首先建立工业品出厂价格指数与相关变量的长期关系式：

$$\ln PPI_t = 0.26 + 0.14 \ln S_{t-1} + 1.24 \ln GDP_t - 0.41 \ln M2_t - 0.51 \ln FI_t + e_{18t}$$
$$t = (1.00) \quad (4.18) \quad\quad (17.44) \quad\quad (-8.05) \quad\quad (-9.20) \quad\quad\quad (5.40)$$
$$R^2 = 0.99 \quad\quad\quad D.W. = 1.72$$

其中，e_{18t} 是式（5.40）的残差，经 AEG 检验，e_{18t} 是平稳的。

从工业品出厂价格指数与各个变量的长期关系式中可知各参数的估计值均显著。这意味着在 1994 年预算改革后，工业品出厂价格指数与国债余额等相关变量存在长期关系。滞后一期的国债余额和国内生产总值的弹性系数都显著为正，表明上一期国债余额和国内生产总值的增长将导致工业品出厂价格指数上涨。

进一步建立误差修正模型，根据式（5.40）得到如下估计方程：

$$\Delta \ln PPI_t = -0.03 - 1.1 ecm_{t-1} + 0.1 \Delta \ln S_{t-1} + 1.5 \Delta \ln GDP_t - 0.4 \Delta \ln M2_t - 0.5 \Delta \ln FI_t + e_{19t}$$
$$t = (-1.17) \quad (-4.65) \quad\quad (5.27) \quad\quad\quad (8.06) \quad\quad\quad (-6.59) \quad\quad\quad (-12.43)$$
$$R^2 = 0.97 \quad\quad\quad D.W. = 1.14$$

$$(5.41)$$

利用 1994—2011 年的数据估计出的误差修正模型系数显著为负，系数值为 -1.1，表明工业品出厂价格指数在偏离与国债余额、国内生产总值、广义货币供应量构建的均衡后，能够很快恢复到初始均衡状态。国债余额的短期弹性系数也显著为正，说明上一期国债余额增加 1%，工业品出厂价格指数就会上涨 0.1%。

5.3.4 国债发行量对PPI的影响

国债余额是国债规模的存量测度，现在从国债发行量角度考察国债规模对工业品出厂价格指数的影响，本书除了选取国债发行量外，还选取了对工业品出厂价格指数有重要影响的变量，分别是国内生产总值、广义货币供应量和国债负担率。选取变量后，建立如下形式的长期均衡方程：

$$\ln PPI_t = \alpha_0 + \alpha_1 \ln P_{t-1} + \alpha_2 \ln GDP_t + \alpha_3 \ln M2_t + \alpha_4 SG_t + \omega_t \quad\quad (5.42)$$

其中，α_0 是常数项；α_1、α_2、α_3、α_4 都是待估计参数；ω_t 是随机扰动项。

将误差修正项设为：

$$ecm_t = \hat{\omega}_t \tag{5.43}$$

其中，$\hat{\omega}_t$ 是式（5.42）的估计残差。

得到误差修正项之后，建立如下形式的误差修正模型：

$$\Delta \ln PPI_t = \beta_0 + \beta_1 ecm_{t-1} + \beta_2 \Delta \ln P_{t-1} + \beta_3 \Delta \ln GDP_t + \beta_4 \Delta \ln M2_t + \beta_5 \Delta SG_t + \upsilon_t \tag{5.44}$$

由于国债发行量在 1994 年剧增，可能存在断点，因此在建立国债发行量与工业品出厂价格指数的长期均衡方程和短期波动方程之前，利用 $\ln PPI_t$ 对 $\ln P_{t-1}$、$\ln GDP_t$、$\ln M2_t$ 和 SG_t 回归，首先利用 Chow 检验方法对 1994 年这一断点给出理论上的检验（见表 5-6）。

表 5-6   Chow 检验结果

统计量	统计量值	p 值
F 统计量	52.16	0.000
LR 统计量	79.26	0.000
Wald 统计量	260.81	0.000

注：样本区间为 1982—2011 年。

在表 5-6 的 Chow 检验结果中，三个统计量在 1% 的显著性水平下都拒绝了 1994 年不存在断点的原假设，表明国债余额在 1994 年的确存在断点。那么接下来对 1981—2011 年的全样本进行分段考虑，以回避断点对估计结果的影响。选取 1981—1993 年的数据进行分析，建立长期均衡关系式，根据式（5.42）得到如下估计方程：

$$\ln PPI_t = -1.67 + 0.36 \ln P_{t-1} + 0.57 \ln GDP_t + 0.03 \ln M2_t - 0.1 SG_t + e_{20t}$$
$$t = (-1.44) \quad (4.91) \quad (2.57) \quad (0.21) \quad (-2.15) \tag{5.45}$$
$$R^2 = 0.987 \qquad D.W. = 2.5$$

其中，e_{20t} 是式（5.45）的残差，经 AEG 检验，e_{20t} 是平稳的。

从工业品出厂价格指数与各个变量的长期均衡方程中可知，滞后一期国债发行量的系数显著为正。在其他条件不变的情况下，上一期国债发行量增加 1%，工业品出厂价格指数就会上涨 0.36%。因为发行国债会刺激经济从而引起物价上涨。下面根据式（5.45）进一步估计出误差修正模型，得到如下形式的估计方程：

$$\Delta \ln PPI_t = 0.11 - 1.4ecm_{t-1} + 0.24\Delta \ln P_{t-1} - 0.24\Delta \ln GDP_t - 0.06\Delta M2_t - 0.1\Delta SG_t + e_{21t}$$

$$t = (1.54) \quad (-3.98) \quad (3.4) \quad (-0.50) \quad (-0.53) \quad (-1.72)$$

$$R^2 = 0.86 \qquad D.W. = 2.43$$

$$(5.46)$$

误差修正模型的估计结果显示，误差修正项的系数估计值显著，而且短期波动项中的国债发行量一阶滞后的弹性系数也显著，表明工业品出厂价格指数在与其他相关变量构建的均衡中一旦偏离，可以通过经济系统自身调整到初始均衡状态。另外，国债发行量增加1%，工业品出厂价格指数就会上涨0.24%。

下面选取1994—2011年的数据进行分析，建立长期均衡关系式，根据式（5.42）得到如下估计方程：

$$\ln PPI_t = 2.2 + 0.05 \ln P_{t-1} + 0.69 \ln GDP_t - 0.34 \ln M2_t - 0.02SG_t + e_{22t}$$

$$t = (7.05) \quad (2.07) \quad (5.84) \quad (-3.42) \quad (-3.59) \qquad (5.47)$$

$$R^2 = 0.95 \qquad D.W. = 1.65$$

其中，e_{22t}是式（5.47）的残差，经AEG检验，e_{22t}是平稳的。

式（5.47）中，上一期国债发行量滞后的系数估计值显著，系数值为0.05，表明上一期国债发行量增加1%，工业品出厂价格指数就会上涨0.05%。在1994年之后，工业品出厂价格指数与国债发行量等相关变量存在长期关系。一方面，发行国债会挤出私人投资，使商品市场供应减少，导致工业品出厂价格指数上升；另一方面，发行国债会刺激经济增长，引起物价上涨。

在式（5.47）的基础上建立误差修正模型，得到如下估计方程：

$$\Delta \ln PPI_t = -0.07 - 1.0ecm_{t-1} + 0.05\Delta \ln P_{t-1} + 1.27\Delta \ln GDP_t - 0.19\Delta M2_t - 0.02\Delta SG_t + e_{23t}$$

$$t = (-1.66) \quad (-4.69) \quad (3.07) \quad (3.78) \quad (-1.28) \quad (-4.51)$$

$$R^2 = 0.88 \qquad D.W. = 1.4$$

$$(5.48)$$

误差修正模型中除常数项、广义货币供应量外，其他系数估计值都显著。从1994年预算制度改革至今，工业品出厂价格指数与国债发行量、国内生产总值、广义货币供应量之间存在长期关系，而且工业品出厂价格指数在偏离这种长期关系后，能够通过自我调整恢复到均衡状态。上一期国债发行量在短期内对工业品出厂价格指数的影响显著，表明上一期国债发行量增加1%，工业品出厂价格指数就会上涨0.05%。

通过对物价指数（CPI、PPI）与国债规模之间的长期均衡关系以及短期波动特征的分析，发现我国国债与物价指数之间存在较强的关系。一方面，发行国债会挤出私人投资，引起投资品价格上升，同时发行国债还会刺激经济，导致物价上涨；另一方面，发行国债会占用货币资金，造成货币供应量减少，从而导致物价下跌。另外，我国国债与物价指数之间存在关系断裂的特点。在1994年之前，国债发行量较少，对宏观经济影响甚微，更不会冲击物价；在1994年之后，国债发行量快速上升，导致物价上涨，两者不仅具有短期波动关系，而且形成了长期均衡关系。

5.4 国债与财政收入的长期均衡与短期波动

4.1节利用VAR模型和脉冲响应函数考察了国债发行量冲击下的财政收入及财政赤字的变化路径。本节主要通过建立误差修正模型来识别国债与财政收入效应之间的长期均衡关系和短期波动特征。因此，在选取变量后，建立如下形式的长期均衡方程：

$$\ln FI_t = \alpha_0 + \alpha_1 \ln P_t + \alpha_2 \ln GDP_t + \alpha_3 SG_t + \varepsilon_t \qquad (5.49)$$

其中，α_0是常数项；α_1、α_2、α_3都是待估计参数；ε_t是随机扰动项。

将误差修正项设为：

$$ecm_t = \hat{\varepsilon}_t \qquad (5.50)$$

其中，$\hat{\varepsilon}_t$是式（5.49）的估计残差。

得到误差修正项之后，建立如下形式的误差修正模型：

$$\Delta \ln FI_t = \beta_0 + \beta_1 ecm_{t-1} + \beta_2 \Delta \ln P_t + \beta_3 \Delta \ln GDP_t + \beta_4 \Delta SG_t + \varepsilon_t \qquad (5.51)$$

由于1994年的预算制度改革，我国国债发行量发生了结构性突变，为了保证结论不受到断点的影响，在建立国债发行量与国内生产总值的长期均衡方程和短期波动方程之前，利用$\ln FI_t$对$\ln P_t$、$\ln GDP_t$和SG_t回归，首先对1994年这一断点给出理论上的检验（见表5-7）。

在表5-7的Chow检验结果中，三个统计量均在1%的显著性水平下拒绝了1994年不存在断点的原假设，表明式（5.49）在1994年的确存在断点。那么接下来对1981—2011年的全样本进行分段考虑，以回避断点对估计结果的影响。首先利用$\ln FI_t$、$\ln P_t$、CPI和SG_t对1981—1994

表5-7 **Chow检验结果**

统计量	统计量值	p值
F统计量	37.22966	0.0000
LR统计量	62.35734	0.0000
Wald统计量	148.9186	0.0000

注：样本区间为1982—2011年。

年的数据进行分析，建立长期均衡关系式，根据式（5.49）得到如下估计方程：

$$\ln FI_t = 4.513 - 0.748\ln P_t + 0.439\ln GDP_t + 0.280SG_t + e_{24t}$$
$$t=(1.408)\quad(-4.054)\quad(1.113)\quad(2.431)\tag{5.52}$$
$$R^2 = 0.697 \qquad D.W. = 1.617$$

其中，e_{24t} 是式（5.52）的残差，经AEG检验，e_{24t} 是平稳的。

利用1981—1994年的子样本数据得到的长期均衡方程，表明财政收入对国债发行量的弹性系数值仅为−0.748，我国财政收入对国债发行量缺乏弹性，即国债发行量增加1%，财政收入就会下降0.748%。尽管国债发行量的系数不显著，但是至少说明了国债的挤出效应，由于发行国债挤出了私人投资，政府的税收收入下降，进而导致财政收入下降。再根据式（5.51）得到如下误差修正模型的估计方程：

$$\Delta \ln FI_t = -0.113 - 0.96ecm_{t-1} - 0.27\Delta\ln P_t + 0.66\Delta\ln GDP_t + 0.36\Delta SG_t + e_{25t}$$
$$t=(-0.629)\quad(-3.219)\quad(-1.835)\quad(0.477)\quad(2.465)\tag{5.53}$$
$$R^2 = 0.721 \qquad D.W. = 1.325$$

式（5.53）中的误差修正项和国债发行量的短期波动项系数均显著，表明财政收入与国债发行量等其他变量构建的均衡具有较强的自我调整能力，而且国债发行量的短期弹性系数为负，说明了国债发行量在短期内对财政收入有一定的冲击和影响。

考察完1994年之前的国债发行量与财政收入之间的相互关系，再选取1995—2011年的数据进行分析，根据式（5.49）的形式建立财政收入与国债发行量的长期均衡关系式，得到如下估计方程：

$$\ln FI_t = -4.713 - 0.107\ln P_t + 1.223\ln GDP_t + 0.053SG_t + e_{26t}$$
$$t=(-10.265)\quad(-2.007)\quad(22.716)\quad(6.422)\tag{5.54}$$
$$R^2 = 0.997 \qquad D.W. = 1.663$$

其中，e_{26t} 是式（5.54）的残差，经 AEG 检验，e_{26t} 是平稳的。

显然，在 1994 年之后的财政收入与国债发行量之间的长期关系十分显著，表明在 1994 年之后财政收入与国债发行量等相关变量之间形成了长期关系。财政收入对国债发行量的弹性系数值仅为 -0.107，但是比较显著，这表明在 1994 年之后我国财政收入对国债发行量仍然缺乏弹性，国债发行量增加 1%，财政收入就会下降 0.107%。

进一步建立误差修正模型，根据式（5.54）得到如下估计方程：

$$\Delta \ln FI_t = -0.008 - 0.978 ecm_{t-1} - 0.091 \Delta \ln P_t + 1.232 \Delta \ln GDP_t + 0.052 \Delta SG_t + e_{27t}$$
$$t = (-0.111) \quad (-3.549) \quad (-2.209) \quad (1.681) \quad (4.600)$$
$$R^2 = 0.702 \quad\quad\quad D.W. = 1.626$$

（5.55）

式（5.55）中的误差修正项系数、国债发行量的短期波动弹性系数都显著为负，说明了短期内国债发行量的增加仍会使财政收入下降。在 1994 年之后，发行国债作为弥补财政赤字的重要手段，两者之间存在长期均衡关系，而且对于这种均衡的任何偏离可以通过经济系统自身调整到均衡状态。因此无论是在长期均衡方程中还是在短期的误差修正模型中，国债发行量的系数都是负的，说明国债发行量的增加会减少财政收入。

5.5　本章小结

本章主要利用协整理论和误差修正模型分别在 1981—1993 年和 1994—2011 年不同的数据样本情形下对国债规模与经济增长、通货膨胀、财政收入以及相关变量建立计量模型，考察我国国债规模与经济增长、通货膨胀、财政收入之间的长期均衡和短期波动的关系。

结论表明：虽然国债规模与经济增长两者之间存在长期均衡关系，但是国债余额与国债发行量对国内生产总值的影响在大多数方程中都是负向的，说明了国债余额与国债发行量的增长将导致国内生产总值的下降，反映了国债对经济的挤出效应。我国国债与物价指数之间存在较强的关系：一方面，发行国债会挤出私人投资，引起投资品价格上升，同时发行国债还会刺激经济，导致物价上涨；另一方面，发行国债会占用货币资金，造成货币供应量减少，导致物价下跌。另外，我国国债与居民消费价格指数、工业品出厂价格指数之间存在关系断裂的特点，在1994年之前，国债发行量较少，对宏观经济影响甚微，更不会冲击物价；但在1994年之后，国债发行量快速上升，进而导致物价上涨，两者不仅具有短期波动关系，而且还形成了长期均衡关系。

从财政收入和我国国债的长期均衡与短期波动关系来看，我国国债规模与财政收入效应之间存在显著的关系。不论是在1994年预算制度变革前，还是在1994年之后，我国财政收入与国债发行量等其他变量都存在长期关系，而且财政收入会随着国债发行量的增加而减少，这充分说明了国债的挤出效应，国债的发行挤出私人投资，总产出下降，从而使得在财政收入中占重大比例的税收收入下降，最终造成了财政收入下降。

第6章 国债的风险及预警分析

6.1 我国国债风险背景介绍

    1981年，我国开始恢复国债发行，当年的国债发行量为48.66亿元，随后我国国债发行量一直处于稳定增长的状态。1998年下半年，我国政府为了应对东南亚金融危机而采取积极的财政政策，加大了国债发行规模，从而扩大了公共投资支出。国债发行规模的急剧扩张使得我国政府面临巨大的财政收支压力和日益严重的财政信用风险。进入21世纪以来，我国国债发行规模持续扩大，2007年我国发行了1.5万亿元的特别国债，截至2007年年底，我国国债累计余额达到53 365亿元，是1991年的50.4倍，平均年增长率达到26%，超过了我国国内生产总值的增速。2008年为了应对全球金融危机，国家采取了积极的财政政策，到2009年年底我国国债余额已经达到了60 237.68亿元，同比2008年增长了14.1%；2010年年底我国国债余额实际数为67 526.91亿元，同比2009年增长了12.1%。国债规模的不断扩大引起了社会的广泛关注和争议。因此，有必要建立一套系统的量化管理国债风险的预警体系，从而清晰地认识国债的风险所在，使我国政府部门监控国债风险程度、及时发现潜在危机及其产生原因，从而保障我国国债还本付息工作的正常进行，并为维护政府的财政信用提供一定的参考依据。

关于对国债风险的研究，利用 VAR 模型测量持仓头寸的风险价值的比较多，一般都是从投资者角度考虑风险程度和发出预警。从管理者角度考虑国债风险的国外学者有：

Schmidt（1984）研究了 52 个国家 1974—1978 年的统计数据，结果认为聚类分析的方法不适合做预警分析，而多重判别分析则表现得比较好。

Ciarlone 和 Trebeschi（2005）研究了国债危机早期预警系统的有效性，他们把危机的发生分为三个时期，即平静期、危机期和调整期，研究结果显示加入了宏观经济变量的多元模型的预警效果要比简单的模型好得多。

Gunther 和 Moore（2002）利用银行特有的包含了原始报告数据的资料和改进的财政与金融变量做了早期预警的研究，并认为应用修正数据的效果要比原始数据的效果好得多。

对国债预警进行研究的国内学者主要有：

孙敬水和朱云高（2000）从财政应债能力、国民经济应债能力、居民应债能力和国债结构四个方面对我国国债风险进行了详细的分析，认为我国国债暗含着很大的信用风险，需要主动采取措施来防范和化解这些风险。

丁忠明（2001）从财政应债能力、国民经济应债能力和国债结构三个方面对我国国债现状和国债风险进行了分析，认为我国国债隐藏着很大的信用风险，并提出了一系列政策建议来防范和化解这一风险。

于晓洁（2006）在对我国国债风险基本情况进行分析的基础上，选取了国债负担率、国债借债率、居民应债率、财政赤字率、国债偿债率、国债依存度、国债期限集中度和支出收入比例八个指标，构建了我国国债风险综合评价体系。运用 1990—2004 年的统计数据对我国国债单一预警指标和综合预警指标进行了全面系统的分析，认为我国国债总体风险不大，但呈现上扬趋势，需要对国债偿债率、国债依存度和国债借债率等方面加以控制，进而防范国债风险。

李伟（2009）在对我国国债发行状况分析的基础上，认为我国国债发行量和国债余额已经处于较高水平，国债风险已经愈发明显，特别是在 2008 年之后全球经济普遍进入下行周期阶段，国债还本付息压力将导致国债风险进入扩张期。通过"赤字-债务"动态均衡模型以及评估公共部门偿债能力模型，修正了我国国债负担率和赤字率的警戒线。

季栋伟、朴明根和任烨（2011）从国民经济应债能力、财政应债能力和国债期限结构三个方面构建了我国国债综合风险指标，利用 1990—2009 年的数据构建了我国国债风险预警系统，对我国 20 多年以来的国债综合风险状况进行了详细的分析。他们认为我国国债综合风险总体上处于可控范围之内，综合风险程度不是很高，但是财政应债能力和国债期限结构存在较大的风险。

6.2 国债风险综合评价体系的构建

6.2.1 构建国债风险综合评价体系的基本步骤

构建国债风险综合评价体系的基本步骤如下：

（1）选取衡量国债风险的单一指标，考察这些指标的变化情况并评价单方面的国债风险；

（2）根据国际公认的警戒线标准和各国发展的具体情况，确定国债各单一指标的警戒线；

（3）使用已经确定的单一指标警戒线，将各个指标历年的数值进行统一的评分，以便反映各个指标的风险水平；

（4）为单一指标赋予不同的权重，计算各个风险指标的加权平均风险指数，根据这一风险综合指标，对国债风险水平进行综合评价，作为建立预警体系的基础。

6.2.2　国债风险预警指标的选取原则

无论是对国债风险指标进行评价，还是建立风险预警体系，都需要选择多个能够从各个方面反映国债风险的指标。因此，选定正确的预警指标是进行风险综合评价和预警的基础和关键环节，应遵循以下原则：

（1）规范性，所选指标是国际和国内研究常用的衡量国债风险的指标；

（2）代表性，选择含义准确的、便于理解的指标，科学、客观、综合地反映国债风险的程度；

（3）灵敏性，国债风险的微小变化都可以通过所选取的指标反映出来；

（4）可操作性，每一个指标都能够用精确的数值计算表达，并且可测量、可比较，具有连续性，可将风险量化；

（5）数据可得性，所选国债风险指标易于搜集、整理，可以从统计年鉴和相关的国债数据中直接或间接获得。

6.2.3　国债风险预警指标体系的构建与分析

1. 国债风险预警指标的选取

根据国际上其他国家选取国债风险预警指标的标准以及上述选取预警指标的原则，本章选取七个国债预警指标，并给出各个指标的警戒线，如表6-1所示。

表6-1　　　　　　　　　　**我国国债风险预警指标体系**

指标名称	计算公式	警戒线
国债负担率	国债余额/国内生产总值	45%
国债偿债率	当年还本付息额/当年财政收入总额	10%
国债依存度	当年国债发行额/当年财政支出	15%
赤字率	当年中央财政赤字/当年国内生产总值	2%
国民应债率	当年国债发行额/当年居民储蓄存款增加额	100%
国债借债率	当年国债发行额/国内生产总值	3%
居民应债率	当年国债余额/居民储蓄余额	50%

2. 国债风险的预警指标分析及预警界限确定

在国债发行历史上，有一些国家因为管理不善、监管不到位而出现了债务危机，因此在对国债的管理探索中，迫切需要找到一种快速、有效地评价一国国债风险状况的管理指标体系，理论界设计了各种与经济环境相关的指标体系，希望以此尽早、准确地判断出债务国的真实偿债能力、债务规模的合理性。本章选取了第2章对我国国债做定性分析时介绍过的与国债风险密切相关的七个指标，下面分别介绍风险指标选择的意义和预警界限选择的根据。

（1）国债负担率

国债负担率=国债余额/国内生产总值。国债负担率是考察国债规模以及国债是否会对未来经济造成沉重负担的重要指标，根据《马斯特里赫特条约》的规定，各成员方的国债负担率不能超过60%。综合考虑到我国各级政府其他债务尚未公开，存在巨大的隐性债务，同时考虑到我国经济发展水平与国外经济发展水平的差距，所以将国债负担率警戒线调减为45%，以此来反映我国政府债务的总体水平。

（2）国债偿债率

国债偿债率=当年还本付息额/当年财政收入总额。国际上公认的偿债率警戒线是10%。对我国而言，部分学者认为国债由中央政府发行，国债偿债率应以当年国债还本付息额与中央财政收入的比值来衡量更为准确，中央财政收入占财政总收入的一半左右，因此应该将警戒线减半。但同时考虑到我国预算外收入、制度外收入的总额较大，从而扩大了偿债率的基数。结合这两种情况，10%的警戒线适合我国。

（3）国债依存度

国债依存度=当年国债发行额/当年财政支出。在我国，国债是由中央财政来发行、使用和偿还的，所以用当年国债发行额除以当年中央财政总支出来表示国债依存度。对于国债依存度，国际上公认的财政债务依存度的警戒线为15%~20%。本书采用国家财政依存度作为衡量风险的指标之一，同时考虑到国债发行主要是对中央财政支出的依赖，因此使用较严格的警戒线，即国际上公认的最低值15%。

（4）赤字率

赤字率=当年中央财政赤字/当年国内生产总值。世界银行和一些学者将银行系统的政策性贷款划为财政赤字，《马斯特里赫特条约》规定的赤字率是用于弥补财政赤字和支付国债利息部分占国内生产总值的比重不能超过3%。因此，本书对赤字率进行更为严格的限制，以2%作为我国实际财政赤字率的警戒线。

（5）国民应债率

国民应债率=当年国债发行额/当年居民债蓄存款增加额。国际上公认的国民应债率的警戒线是100%，这时的宏观经济的应债能力比较强。

（6）国债借债率

国债借债率=当年国债发行额/国内生产总值。根据《马斯特里赫特条约》的规定，该指标的上限是3%，为引起对我国借债率水平和控制发行量的高度重视，所以选用3%作为我国国债借债率的警戒线。

（7）居民应债率

居民应债率=当年国债余额/居民储蓄余额。我国的居民应债能力指标警戒线确定为50%。也就是说，当国债新增额占到当年居民储蓄存款余额的一半以上时，居民认购国债会缺乏空间，国债就会面临发行风险，影响政府信用。

本章选取1990—2010年与国债相关的经济指标作为样本，包括国债负担率 X_1、国债偿债率 X_2、国债依存度 X_3、赤字率 X_4、国民应债率 X_5、国债借债率 X_6 和居民应债率 X_7 七个指标。数据来源于历年的《中国统计年鉴》和 Wind 金融资讯终端，各预警指标根据前文公式计算所得，表6-2给出了各项预警指标的实际值。

表6-2　　　　　我国国债风险预警指标值　　　　单位：%

年份	X_1	X_2	X_3	X_4	X_5	X_6	X_7
1990	5.31	3.86	11.26	0.78	17.95	1.86	13.93
1991	5.54	4.98	10.39	1.09	16.58	1.62	13.05
1992	5.34	9.83	10.85	0.96	16.13	1.51	12.22

年份	X_1	X_2	X_3	X_4	X_5	X_6	X_7
1993	5.21	5.16	11.37	0.83	15.32	1.49	12.10
1994	5.22	6.99	19.64	1.19	18.01	2.36	11.69
1995	5.24	12.56	21.23	0.96	17.79	2.38	10.74
1996	5.40	17.09	29.12	0.74	26.09	3.24	9.98
1997	5.57	21.04	26.61	0.74	31.67	3.11	9.51
1998	7.26	22.74	36.03	1.09	54.59	4.61	11.48
1999	8.50	15.66	30.76	1.94	65.27	4.52	12.78
2000	9.82	11.59	29.08	2.51	98.07	4.66	15.15
2001	11.19	13.18	24.78	2.29	49.67	4.27	16.63
2002	13.28	15.30	29.93	2.62	50.21	5.49	18.38
2003	15.28	17.16	34.49	2.16	50.89	6.26	20.03
2004	14.70	21.09	29.11	1.31	52.04	5.19	19.66
2005	14.29	16.16	23.66	1.23	37.35	4.34	18.73
2006	13.12	20.06	24.37	0.77	47.96	4.55	17.57
2007	17.28	11.78	47.41	−0.58	73.99	3.05	26.63
2008	15.17	11.30	13.76	0.40	19.00	2.74	21.86
2009	15.64	15.66	21.52	2.28	38.28	4.82	20.45
2010	14.85	13.94	19.96	1.69	42.04	4.45	19.66

6.2.4 各指标指数化处理

由于国债风险的各项衡量指标存在计量单位不统一的问题，因此需要将各项预警指标进行指数化处理。

本章将50分作为警戒线，将0~100分划分为 [0~40]、[40~60]、[60~80]、[80~100] 四个区间，作为国债风险预警系统的四类预警区间（见表6-3），将50分警戒线正负10分的区域，即40~60分接近警戒线的范围设为需要防范风险的区间，设为轻警区间，意味着存在轻度的国债风险，但是风险程度在警戒线水平之下，属于可控范畴，风险管理部门可以通过有意识地控制国债风险来避免风险进一步扩大。低于这个区间设为安全状态，即0~40分为安全区间，不存在国债风险问题；高于这个区间为中等以上风险，并将这部分平均分为两个区间，分别为60~80分的中警区间和80~100分的重警区间，前者表示国债风险已经超过了警戒线水平，存在较大程度的风险，应该采取积极措施降低国债风险；后者则表示国债风险已经积累到一定程度，达到了危险状态，必须立即采取措施控制国债风险，从而避免其可能会对经济造成的严重危害。

表6-3 国债风险预警区间

国债风险预警区间	安全区	轻警区	中警区	重警区
国债风险警戒区间分值	0~40分	40~60分	60~80分	80~100分

在对国债风险预警指标进行指数化处理时，是按照国债风险预警指标警戒线的标准，将历年国债风险指标的数值转变成具有可比性的百分制数值，即对每一个指标评分，从而确定其风险程度。将各项预警指标的警戒线值对应于区间分值50，并按照相同比例的方法对各预警指标进行指数化处理。

将国债风险各项预警指标值记为 X_i，各项预警指标的预警界限值记为 C_i（由表6-1的警戒线可得：$C_1=0.45$，$C_2=0.1$，$C_3=0.15$，$C_4=0.02$，$C_5=1$，$C_6=0.03$，$C_7=0.5$）。评分的具体方法是：用百分制划分整个区间，将100分划分为两个区间，[0~50] 和 [50~100]，50分作为警戒线。将每一个指标的预警界限值 C_i 对应50分，即各预警指标的预警界限值 C_i 设为50分，则 $C_i/50$ 作为1分标准用来分别为历年的各项预警指标数值进行评分（四舍五入取整）。将各项国债风险预警指标值转换为分数值后记为 R_i，即：

$$R_i = X_i / (C_i/50) = (X_i/C_i) \times 50 \tag{6.1}$$

将所得各项预警指标分数值进行取整，如果 $X_i<C_i$，即 X_i 小于预警界限值，则 $R_i<50$，说明第 i 个预警指标处于安全状态；如果 $X_i>C_i$，即 X_i 大于预警界限值，则 $R_i>50$，说明第 i 个预警指标已不安全，出现风险状态；如果 $X_i>2C_i$，即 X_i 大于2倍的预警界限值，则 $R_i>100$，这将预示着第 i 个预警指标出现了很严重的风险状态。本章将 $R_i>100$ 取为100，由于预警界限值都>0，因此 $R_i<0$ 都取为0，从而完成指标评分过程。

利用上述将历年国债风险指标数值转变成具有可比性的百分制数值的方法，将七个国债风险预警指标值转换为分数值，见表6-4。

表6-4 我国国债风险预警指标风险分数值

年份	R_1	R_2	R_3	R_4	R_5	R_6	R_7
1990	6	19	38	20	9	31	14
1991	6	25	35	27	8	27	13
1992	6	49	36	24	8	25	12
1993	6	26	38	21	8	25	12
1994	6	35	65	30	9	39	12
1995	6	63	71	24	9	40	11
1996	6	85	97	29	13	54	10
1997	6	100	89	18	16	52	10
1998	8	100	100	27	27	77	11
1999	9	78	100	49	33	75	13
2000	11	58	97	63	49	78	15
2001	12	66	83	57	25	71	17
2002	15	76	100	65	25	91	18
2003	17	86	100	54	25	100	20
2004	16	100	97	33	26	86	20
2005	16	81	79	31	19	72	19
2006	15	100	81	19	24	76	18
2007	19	59	100	0	37	51	27
2008	17	56	46	10	10	46	22
2009	17	78	72	57	19	80	20
2010	17	70	67	42	21	74	20

6.2.5 国债风险预警指标权重的确定

由于各项预警指标对整个国债风险预警系统的影响程度各不相同，因此本章依据各项预警指标的重要程度分别赋予不同的权重。指标权重的确定方法有很多，对于国债风险预警指标权重的确定多采用的是层次分析法，但是鉴于本章所选取的预警指标的特殊性，所以采取因子分析法来确定指标权重。

本章采用主成分分析方法对指标进行因子分析，并采用最大方差法进行因子旋转，根据旋转后的因子分析结果确定指标权重。主成分分析法是指设法将原来的指标（变量个数太多，不同指标之间具有一定的相关性，从而使得数据存在一定的信息重叠）重新组合成一组新的彼此之间互不相关的几个综合变量来代替原来信息冗余的较多变量，同时根据实际需要，从中选取几个较少的综合指标尽可能多地反映原来指标的信息。

因子分析主要是利用主成分分析法确定因子载荷，对随机变量进行主成分分析，把前面几个主成分作为原始公共因子。设 X_1，X_2，$\cdots$，X_p 为 p 个随机变量，其构成的随机向量矩阵为 $X=(X_1，X_2，\cdots，X_P)'$。通过对变量进行标准化处理来消除原始指标量纲的影响，将标准化后的随机变量矩阵记为 $Z=(Z_1，Z_2，\cdots，Z_p)'$。根据因子分析得出：

$$Z_i = l_{i1}F_1 + l_{i2}F_2 + \cdots + l_{in}F_n + \varepsilon_i, \ i=1，2，\cdots，p \tag{6.2}$$

其中，$L_{p \times n} = (l_{ij})_{p \times n}$。

式（6.2）称为因子载荷矩阵，F_1，F_2，$\cdots$，F_n 是公共因子或潜在因子。为了使因子分析得到的公共因子更加易于解释，通常进行因子旋转，本章选用最大方差正交旋转法，以使因子载荷矩阵的元素取值尽可能地向两极分化，如此得到的公共因子具有更加明确的经济意义。假设旋转后的因子载荷矩阵为：

$$B_{p \times n} = (b_{ij})_{p \times n} \tag{6.3}$$

确定指标的权重为：

$$\omega_i = \sum_{j=1}^{n} b_{ij}^2 \Big/ \sum_{i=1}^{p}\sum_{j=1}^{n} b_{ij}^2, \ i=1，2，\cdots，p \tag{6.4}$$

其中，p 是指标个数；n 是因子分析的公因子个数；ω_i 是各项指标的权重。

6.2.6 国债风险综合指标分析

国债风险综合评价的最终目的是考察国债的综合风险水平。本章节对指数化后的国债风险单一预警指标进行加权平均，进而得到国债风险综合指数，即：

$$DR = \sum_{i=1}^{7} \omega_i R_i \tag{6.5}$$

其中，R_i 是经指数化处理后各项国债风险预警指标的分数值；ω_i 是各项国债风险预警指标的权重。

6.2.7　我国国债风险预警系统的构建

根据表6-3划分的国债风险预警区间以及表6-4计算的各项国债风险预警指标的风险分数值，确定了各项国债预警指标的预警警度（见表6-5）。

表6-5　　　　　　　　　　**国债预警指标的预警警度**

年份	X_1	X_2	X_3	X_4	X_5	X_6	X_7
1990	安全	安全	安全	安全	安全	安全	安全
1991	安全	安全	安全	安全	安全	安全	安全
1992	安全	中警	安全	安全	安全	安全	安全
1993	安全	安全	安全	安全	安全	安全	安全
1994	安全	安全	中警	安全	安全	安全	安全
1995	安全	中警	中警	安全	安全	安全	安全
1996	安全	重警	重警	安全	安全	轻警	安全
1997	安全	重警	重警	安全	安全	轻警	安全
1998	安全	重警	重警	安全	安全	中警	安全
1999	安全	中警	重警	轻警	安全	中警	安全
2000	安全	中警	重警	中警	轻警	中警	安全
2001	安全	中警	重警	轻警	安全	中警	安全
2002	安全	中警	重警	中警	安全	重警	安全
2003	安全	重警	重警	轻警	安全	重警	安全
2004	安全	重警	重警	安全	安全	重警	安全
2005	安全	重警	中警	安全	安全	中警	安全
2006	安全	重警	重警	安全	安全	中警	安全
2007	安全	轻警	重警	安全	安全	轻警	安全
2008	安全	轻警	轻警	安全	安全	轻警	安全
2009	安全	中警	中警	轻警	安全	中警	安全
2010	安全	中警	中警	轻警	安全	中警	安全

从表6-5中可以看出，国债负担率X_1、国民应债率X_5、居民应债率X_7三项指标存在的风险较小，基本都处于安全区间；对赤字率X_4来说，在1999年以前均处于安全状态，而在1999—2003年出现了一定的警情，并且交替出现轻警和中警的警情，随后再次进入安全区间，2009

年之后进入轻警区间，但从整体上来看风险程度不是很大；而国债偿债率 X_2、国债依存度 X_3 和国债借债率 X_6 三项指标所反映的状况并不乐观，大部分年份均处于警情区间，特别是国债依存度 X_3 在 1993 年之后进入警情区间，1996—2004 年和 2006 年、2007 年均处于重警区间，说明这段期间我国中央财政对债务的依赖程度很高，中央财政处于危险状态。另外，国债偿债率 X_2 和国债借债率 X_6 两个指标，自 1995 年之后进入警情区间，并且大多数年份处于中警和重警状态，这说明我国当年的财政收入中有很大一部份额用来偿还到期债务，财政的偿债压力和所面临的信用风险很大，而且当年的国民经济来自国债的支持力度很大，我国政府面临较大的还本付息压力，需要国家采取积极措施降低和控制国债风险，防止其可能给经济带来的不良后果。

根据式（6.4）确定了我国国债各项预警指标的权重，见表6-6。

表6-6　　　　　**我国国债各项预警指标的权重**

指标	公共因子 1	公共因子 2	公共因子 3	系数平方和 $(\sum\limits_{i=1}^{n} b_{ij}^2)$	权重 (ω_i)
X_1	0.2976	0.9258	0.1446	0.9666	0.1553
X_2	0.8610	0.0084	0.1158	0.7549	0.1213
X_3	0.8983	0.2533	−0.0714	0.8762	0.1408
X_4	0.0719	−0.0025	0.9912	0.9876	0.1587
X_5	0.6933	0.3438	0.3027	0.6905	0.1110
X_6	0.6760	0.3802	0.5904	0.9501	0.1527
X_7	0.1086	0.9922	−0.0266	0.9969	0.1602

6.3　我国国债综合风险分析

利用式（6.5）得到我国国债综合风险的计算公式：

$$DR_t = 0.155R_{1t} + 0.121R_{2t} + 0.141R_{3t} + 0.159R_{4t} + 0.111R_{5t} + 0.153R_{6t} + 0.16R_{7t} \quad (6.6)$$

其中，$R_{it}(i=1, 2, 3, 4, 5, 6, 7)$ 表示第 i 个指标指数化之后的评分。

利用式（6.6）分别得到表6-7我国国债综合风险值和预警警度以及图6-1我国国债综合风险预警指标值趋势图。

表6-7　　　　　　　　　我国国债综合风险值和预警警度

年份	1990	1991	1992	1993	1994	1995	1996	1997	1998	1999	2000
分数值	20	20	22	19	28	31	41	40	48	50	52
预警警度	安全	安全	安全	安全	安全	安全	轻警	安全	轻警	轻警	轻警
年份	2001	2002	2003	2004	2005	2006	2007	2008	2009	2010	
分数值	47	55	57	53	44	46	40	29	49	44	
预警警度	安全	轻警	轻警	轻警	轻警	轻警	安全	安全	轻警	轻警	

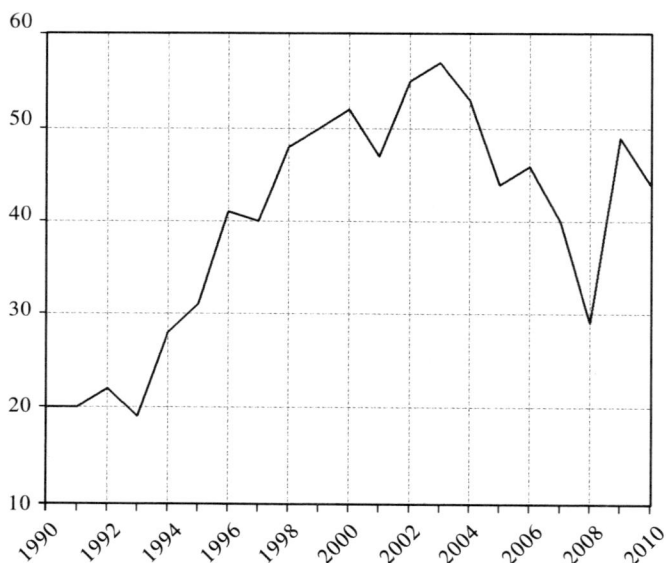

图6-1　我国国债综合风险预警指标值趋势图（1990—2010年）

从国债综合风险值和预警警度的情况来看，我国国债的综合风险一直都处于安全区间和轻警区间，并没有超过警戒线的水平，属于可控范围，风险管理部门可以有意识地对国债风险进行控制，从而避免风险扩大。而从我国国债综合风险预警指标值趋势图来看，国债综合风险预警指标值呈现出先上升后下降再上升的周期特性。其中，从1990年到2003年我国国债综合风险总体上呈现逐步上升的趋势，2003年达到顶峰，但一直都没有超过警戒水平；从2004年之后，我国国债综合风险有了明显下降，2009年又出现了一次较大幅度的反弹，但是从总体趋势来看，我国国债综合风险仍处于可控范围之内，风险程度并不是很高。

6.4　本章小结

　　本章选取了国债负担率、国债偿债率、国债依存度、赤字率、国民应债率、国债借债率和居民应债率七个指标，并依据国际警戒线为标准对各个指标进行评分，采用因子分析法建立了我国国债风险预警体系。结论表明：从1990年到2003年我国国债综合风险总体上呈现逐步上升的趋势，2003年达到顶峰，但一直都没有超过警戒水平；从2004年之后，我国国债综合风险有了明显下降，虽然在2009年又出现了一次较大幅度的反弹，但是从总体趋势来看，我国国债综合风险仍处于可控范围之内，风险程度并不是很高。

第7章 结论与政策建议

7.1 结论

　　本书基于中国数据，选取各个变量1981—2011年的数据作为全样本，并将1994年作为我国国债发生结构性变化的断点，分两种情形，即在1981—1993年的子样本情形下和在1994—2011年的子样本情形下，分别考察了我国国债规模与经济增长效应、通货膨胀效应和财政收入效应之间的相关关系和波动特征。其中，选取国债余额、国债发行量和国内生产总值三个变量作为研究对象，利用H-P滤波方法、Granger因果检验、Johansen协整检验，建立VAR模型和误差修正模型，分析了我国国债规模与经济增长效应之间的相关关系和影响路径；选取国债余额、国债发行量、国债负担率、居民消费价格指数和工业品出厂价格指数五个变量作为研究对象，利用H-P滤波方法和Granger因果检验，建立VAR模型和误差修正模型，研究了我国国债规模与通货膨胀效应之间的相关关系；选取国债余额、国债发行量、财政收入、财政赤字和财政收入份额（财政收入占国内生产总值的比重）五个变量作为研究对象，同样利用 H-P 滤波方法、Granger 因果检验、误差修正模型以及向量自回归模型下的脉冲响应函数，研究了我国国债规模与财政收入效应之间的相关关系和影响路径。

为了保证实证结论的正确有效，本书对我国国债规模与经济增长效应、通货膨胀效应、财政收入效应之间的相关关系的分析，均采用了不同的计量模型和方法，从不同的角度和侧面进行了实证分析。通过实证研究最终得出以下四点主要结论：

第一，我国国债规模与经济效应之间既存在短期波动关系，也存在长期均衡关系，但不论是短期波动关系，还是长期均衡关系都十分微弱。在 1994 年中央财政预算制度变革之前，我国国债发行数量较少，对经济的刺激作用不明显。在 1994 年之后，我国国债发行量大大增加，但其目的是用于弥补财政赤字，所以仍然不能有效促进经济的增长。虽然国债规模与国内生产总值之间存在明显的长期均衡关系，但是弹性系数均小于 1，国债余额和国债发行量与国内生产总值的弹性系数均处于 0.2 以下，体现了国债对经济促进的有限性，两者之间的长期均衡关系很难实现。国债余额和国内生产总值在偏离均衡的状态下，可以通过经济系统自身调整到均衡状态。

第二，我国国债规模的变动对通货膨胀的冲击较大，我国物价指数中不论是居民消费价格指数，还是工业品出厂价格指数都与国债之间存在短期波动和长期均衡的关系。尤其重要的是，我国国债与物价指数之间在 1994 年发生了关系断裂。在 1994 年之前，我国国债规模相对较小，不能对物价指数产生足够的影响，因此两者的短期波动关系，甚至长期均衡关系都比较模糊；但在 1994 年之后，国债发行量剧增，国债余额、国债发行量以及国债负担率都与我国物价指数形成了长期稳定的关系，而且在短期内也对物价指数造成了一定冲击。然而，在物价指数与相关变量形成的长期关系中，相对于国内生产总值和广义货币供应量，国债规模对物价指数的影响还是比较小的，出现这些情形主要是因为我国债券市场发展落后，国债无法普及，不能起到货币等价物的作用。此外，我国国债主要从两个方面对物价指数产生影响：一方面，由于国债发行挤出了私人投资，造成商品供应减少，进而导致物价上涨；另一方面，因为发行国债占用了大量货币资金，使货币供应量减少而导致物价下跌。物价的最终走势取决于两种相反力量的对比。

第三，我国国债规模与财政收入效应之间存在显著关系，不论是在1994年财政预算制度变革之前，还是在1994年之后，我国财政收入与国债发行量等其他变量之间都存在长期均衡关系，而且财政收入会随着国债发行量的增加而减少。这充分说明了国债的挤出效应，国债的发行挤出私人投资，总产出下降，使得在财政收入中占重大比例的税收收入下降，最终造成了财政收入下降。

第四，从1990年到2003年我国国债综合风险总体上呈现逐步上升的趋势，2003年达到顶峰，但一直都没有超过警戒水平；从2004年之后，我国国债综合风险有了明显下降，虽然2009年又出现了一次较大幅度的反弹，但是从总体趋势来看，我国国债综合风险仍处于可控范围之内，风险程度并不是很高。

7.2　政策建议

本书的实证分析一方面检验了我国国债的功能与作用，另一方面也为国内外关于国债效应的理论研究提供了现实依据。基于以上实证分析的结论，并结合国际经验及理论分析，提出以下几点政策建议：

第一，我国国债风险较小，可以增量发行国债，但发行国债所筹集的资金应多用于公共投资建设。自从恢复国债发行以来，我国国债规模与经济增长效应之间的相关性都是比较微弱的，主要原因是发行国债所筹集的资金大部分用于弥补财政赤字。国债属于生息资本，到期需要还本付息，如果将发行国债所筹集的资金投资到基础设施建设上，则可以带来收益，增加社会效益；如果将发行国债所筹集的资金投资到非生产性活动上，如教育、科技等，则可以促进社会的进步，也是有益的。但如果将发行国债所筹集的资金大量地用于政府消费，则不能带来收益，最终还本付息只会增加政府的负担。对于我国这样的发展中国家，通过发行国债进行公共投资，可以大大促进经济的发展。

第二，国债发行应做好预算准备，即提前对所需要的公共投资进行预算，然后以国家的名义为该项公共投资发行国债。也就是说，为每一项公共投资建立国债专项款。政府不应该盲目发行国债，过多的国债资金没有投资对象，只能是浪费，同时也造成了政府寻租的可能性增加。虽然目前我国国债负担率不高，但是与财政收入份额产生了背离现象，这表明国债规模相对于财政收入已经过大，对政府势必形成压力。

第三，尽快完善中国债券市场。我国国债规模之所以与经济增长及通货膨胀等一些宏观指标的相关性不大，主要原因是缺乏一个成熟有效的债券市场。虽然我国国债发行已经恢复了 30 年，但我国债券市场的发展一直都停滞不前，各种制度、法律以及技术的缺失都严重阻碍了我国债券市场的发展与进步。没有一个成熟有效的债券市场，国债的许多功能、作用就无法通过市场传递给经济系统，那么国债对整个宏观经济的影响自然就不会大。要完全发挥国债效应对经济的积极作用，必须建立完善的债券市场和市场运行机制。

总之，我国国债现阶段风险较小，利用空间巨大，国债所具有的许多功能并没有体现出来。只要政府合理地管理国债，完善市场运行机制，建立有效成熟的债券市场，国债必然能够为我国的经济发展做出巨大的贡献。

7.3 创新点、不足及进一步要研究的问题

7.3.1 创新点

本书的创新点主要体现在以下三个方面：

1.研究分析了我国国债规模与宏观经济的波动性特征及相关关系

从我国宏观经济的三个不同角度，即国内生产总值、通货膨胀和财政收入，利用 H-P 滤波方法、Granger 因果检验和 Johansen 协整检验考察了我国国债规模与宏观经济的波动性特征及相关关系，得出我国国债规模的波动较宏观经济的波动更加剧烈，而且与宏观经济之间存在较为

显著的相关关系的结论，即国债余额对国内经济有一定的刺激作用；国债与物价指数之间存在很强的Granger因果关系；国债对弥补财政赤字起到了重要作用。

2. 从长期和短期角度分阶段研究了我国国债对宏观经济变量的相互影响程度

利用Chow检验方法计算得出国债与宏观经济变量的计量模型在1994年基本都存在结构断点，因此对全样本进行分段考虑，以回避断点对估计结果的影响。利用向量自回归模型和脉冲响应函数对与国债规模相关的变量（如经济增长、通货膨胀、财政收入等）分别建立VAR模型，并进一步利用误差修正模型从国债与宏观经济变量的长期均衡与短期波动关系的角度进行验证，得出结论认为国债余额的冲击对国内生产总值有长期的促进作用，但国债余额与国债发行量对国内生产总值的影响在大多数方程中都是负向的，这说明国债余额与国债发行量的增长将导致国内生产总值的下降。我国国债与物价指数之间存在较强的相关关系，国债发行会刺激经济增长，同样会导致物价上涨。而我国国债与居民消费价格指数、工业品出厂价格指数之间则存在关系断裂的特点，在1994年之前，国债发行量较少，对物价冲击不大，但在1994年之后，国债发行量快速上升，进而导致物价上涨。我国财政收入与国债发行量等其他变量之间都存在长期均衡的关系，而且财政收入会随着国债发行量的增加而减少，这充分说明了国债的挤出效应。

3. 基于预警理论构建了我国的国债风险预警系统

本书选取了国债负担率、国债偿债率、国债依存度、赤字率、国民应债率、国债借债率和居民应债率七个与国债风险相关的指标，参照国际上公认的警戒线标准和我国国债的具体实际情况对我国国债综合风险以及各个国债风险预警指标划分预警界限，并进一步按照相同比例方法将各国国债风险预警指标值进行指数化转换为分数值，通过因子分析法赋予各个预警指标权重，得到我国国债的综合风险值，从而判断出我国历年国债的预警警度。

7.3.2　不足与进一步要研究的问题

本书研究的初衷是，基于我国数据通过实证分析得出国债对宏观经济的影响因素，建立国债规模的预警分析系统，并在此基础上通过国债与各个宏观经济变量之间的关系找出和建立国债最优规模的模型系统来给出国债的最优发行量的数据，以此向管理部门提供一些参考意见，规避我国可能发生的债务风险，但因为具体的数据问题，只能对目前的问题进行研究。在对数据进行详细考证后，将对这一问题进行进一步的研究。

索引

主要参考文献

[1] AHMED S, YOO B S. Fiscal trend in real economic aggregates [J].
     Journal of Money, Credit and Banking, 1995, 27 (4): 985-1001.

[2] AIPHA C, STEPHEN M. The perception of government bonds and
     money as net wealth: an integrated approach [J]. Eastern Economic
     Journal, 1998, 24 (4): 435-448.

[3] AIYAGARI R, MCGRATTAN E. The optimum quantity of debt [J].
     Journal of Monetary Economics, 1998, 42 (3): 447-469.

[4] AKAI N. Ricardian equivalence for local government bonds: budget
     constraint approach [J]. Economics Letters, 1994, 44 (1-2): 191-195.

[5] ALESINA A, TABELLINI G. A positive theory of fiscal deficits and
     government debt [J]. Review of Economic Studies, 1990, 57 (3):
     403-414.

[6] ANNICCHIARICO B. Government deficits, wealth effects and the price
     level in an optimizing euro-model [J]. Journal of Policy Modeling,
     2007, 29: 15-28.

[7] ARGHYROU M G, LUINTEL K B. Government solvency: revisiting
     some EMU countries [J]. Journal of Macroeconomics, 2007, 29
     (2): 387-410.

[8]　BARRO R J. Are government bonds net wealth? [J]. Journal of Political Economy, 1974, 82 (6): 1095-1117.

[9]　BARRO R J. Government spending, interest rates, prices, and budget deficits in the UK, 1701—1918 [J]. Journal of Monetary Economics, 1987, 20 (2): 221-247.

[10]　BARRO R J. On the determination of public debt [J]. Journal of Political Economy, 1979, 87 (5): 940-971.

[11]　BARRO R J. Government spending in a simple model of endogenous growth [J]. Journal of Political Economy, 1990, 98 (5): 103-126.

[12]　BERBEN R P. The impact of government debt on private consumption in OECD countries [J]. Economics letters, 2007, 94 (2): 220-225.

[13]　BERTOLA G, DRAZEN A. Trigger points and budget cuts: explaining the effects of fiscal austerity [J]. American Economic Review, 1993 (83): 11-26.

[14]　BIERWAG G O, GROVE M A, KHANG C. National debt in a neo-classical growth model: comment [J]. The American Economic Review, 1969, 59 (1): 205-210.

[15]　BLANCHARD O J. Debt, deficits, and finite horizons [J]. The Journal of Political Economy, 1985, 93 (2): 223-247.

[16]　BLEANEY M. Inflation and public debt [J]. Australian Economic Papers, 1996, 35 (66): 222-241.

[17]　BOHN H. Why do we have nominal government debt? [J]. Journal of Monetary Economics, 1988, 21 (1): 127-140.

[18]　BOHN H. The behavior of US public debt and deficit [J]. Quarterly Journal of Economics, 1998, 113 (3): 946-963.

[19]　BUITER W H. Death, birth, productivity growth and debt neutrality [J]. Economic Journal, 1988, 98 (4): 279-293.

[20]　CALVO G A. Servicing the public debt: the role of expectations [J]. American Economic Review, 1988, 78 (4): 647-661.

[21]　CATAO L A V, TERRONES M E. Fiscal deficits and inflation [J]. Journal of Monetary Economics, 2005, 52 (3): 529-554.

[22]　CHAMBERLAIN W N. Professor hansen's fiscal policy and the debt [J]. American Economic Review, 1945, 35 (3): 400-407.

[23]　CHAMLEY C. Efficient taxation in a stylized model of intertemporal general equilibrium [J]. International Economic Review, 1985, 26

（2）：451-468.

[24] CIARLONE, TREBESCHI G. Designing an early warning system for debt crises [J]. Emerging Markets Review, 2005, 6 (4)：376-395.

[25] COCHRANE J H. Long-term debt and optimal policy in the fiscal theory of the price level [J]. Econometrics, 2001, 69 (1)：69-116.

[26] COLE H L, KEHOE T J. A self-fulfilling model of Mexico's 1994—1995 debt crisis [J]. Journal of International Economics, 1996 (41)：309-330.

[27] COLE H L, KEHOE T J. Self-fulfilling debt crises [J]. Review of Economic Studies, 2000, 67 (1)：91-116.

[28] CORREIA N J, STEMITSIOTIS L. Budget deficit and interest rates：is there a link? [J]. Oxford Bulletin of Economics & Statistics, 1995, 57 (4)：425-449.

[29] DEVARAJAN S, SWAROOP V, ZOU H. The composition of public expenditure and economic growth [J]. Journal of Monetary Economics, 1996, 37 (2-3)：313-344.

[30] DIAMOND D W, DYBVIG P H. Bank runs, deposit insurance, and liquidity [J]. Journal of Political Economy, 1983, 91 (3)：401-419.

[31] DIAMOND P A. National debt in a neoclassical growth model [J]. The American Economic Review, 1965, 55 (5)：1126-1150.

[32] DRAZEN A. Government debt, human capital, and bequests in a life-cycle model [J]. Journal of Political Economy, 1978, 86 (3)：505-516.

[33] DWYER G P. Inflation and government deficits [J]. Economic Inquiry, 1982, 20 (3)：315-329.

[34] EASTERLY W, SERGIO R. Fiscal policy and economic growth—an empirical investigation [J]. Journal of Monetary Economics, 1993, 32 (12)：417-458.

[35] EASTERLY W, RODRIGUEZ C A, SCHMIDT-HEBBEL K. Public sector deficits and macroeconomic performance [M]. Washington, D. C.: Oxford University Press, 1994.

[36] EDWIN B, EDMUND P. Public debt, inflation and real interest [J]. Journal of Money, Credit and Banking, 1971, 3 (2)：153-182.

[37] ENDERS W, GRANGER C W. Unit-root tests and asymmetric adjustment with an example using the term structure of interest rates [J]. Journal of Business and Economic Statistics, 1998 (16)：304-311.

[38] ENGLE R F, GRANGER C W J. Co-integration, and error correction：

representation, estimation and testing [J]. Econometrica, 1987, 55 (2): 251-276.

[39] EVANS P. Do budget deficits raise nominal interest rates? Evidence from six countries [J]. Journal of Monetary Economics, 1988 (20): 398-421.

[40] EVANS P. Do large deficits produce high interest rate? [J]. American Economic Review, 1985, 75 (1): 68-87.

[41] FELDSTEIN, MARTIN. Debt and taxes in the theory of public finance [J]. Journal of Public Economics, 1985, 28 (2): 233-245.

[42] FISCHER S, EASTERLY W. The economics of the government budget constraint [J]. World Bank Research Observer, 1990, 5 (2): 127-142.

[43] FORSLUND K, LIMA L, PANIZZA U. The determinants of the composition of public debt in developing and emerging market countries [J]. Review of Development Finance, 2011 (1): 207-222.

[44] FISCHER S, SAHAY R, VEGH C A. Modern hyper-and high inflations [J]. Journal of economic literature, 2002, 43 (3): 837-880.

[45] FUERTES A M, KALOTYCHOU E. Optimal design of early warning systems for sovereign debt crises [J]. International Journal of Forecasting, 2007, 23 (1): 85-100.

[46] FUNG M K Y, HO W M, ZHU L J. Stagflationary effect of government bond financing in the transforming chinese economy: a general equilibrium analysis [J]. Journal of Development Economics, 2000 (61): 111-135.

[47] GANELLI G. The new open economy macroeconomics of government debt [J]. Journal of International Economics, 2005, 65 (1): 167-184.

[48] GIEINER A, SEMMLER W. Endogenous growth, government debt and budgetary regimes [J]. Journal of Macroeconomics, 2000, 22 (3): 363-384.

[49] GREINER A, KAUERMANN G. Sustainability of US public debt: estimating smoothing spline regressions [J]. Economic Modelling, 2007, 24 (2): 350-364.

[50] GOYAL R, KHUNDRAKPAM J K, RAY P. Is Indian's public finance unsustainable? Or, are the claims exaggerated? [J]. Journal of Policy Modelling, 2004 (26): 401-420.

[51] GUNTHER J W, MOORE R R. Early warning models in real time [J]. Journal of Banking & Finance, 2003, 27 (10): 1979-2001.

[52] HAKKIO C, RUSH M. Is the budget deficit too large? [J]. Economic Inquiry, 1991, 29 (3): 429-445.

[53] HAMILTON J D, FLAVIN M A. On the limitations of government borrowing: a framework for empirical testing [J]. American Economic Review, 1986, 76 (4): 808-819.

[54] HIEBERT P, PÉREZ J J, ROSTAGNO M. The trade-off between public debt reduction and automatic stabilization [J]. Economic Modelling, 2009 (26): 464-472.

[55] ISSLER J V, LIMA L R. Public debt sustainability and endogenous seigniorage in Brazil: time - series evidence from 1947—1992 [J]. Journal of Development Economics, 2000 (62): 131-147.

[56] JOHANSEN S. Estimation and hypothesis testing of co - integrated vectors in gaussian vector auto-regressions [J]. Econometrica, 1991, 59 (6): 551-1580.

[57] JOHANSEN S. Statistical analysis of cointegration vectors [J]. Journal of Economic Dynamics and Control, 1988, 12 (2-3): 231-254.

[58] JOHANSEN S. Cointegration in partial systems and the efficiency of single-equation analysis [J]. Journal of Econometrics, 1992, 52 (3): 389-402.

[59] KING R G, PLOSSER C L. Money, deficits, and inflation [J]. Carnegie Rochester Conference Series on Public Policy, 1985 (22): 147-196.

[60] KITANO S. Public debt and currency crises [J]. Journal of Economics, 2007, 90 (2): 117-142.

[61] KLEIN J. More on the analysis of fiscal policy and bond financing [J]. Economic Notes, 1972, 12: 50-60.

[62] KNOT K, HANN J. Fiscal policy and interest rates in the european community [J]. European Journal of Political Economy, 1995, 11 (1): 171-187.

[63] KORMENDI R C. Government debt, government spending, and private sector behavior [J]. American Economic Association, 1983, 73 (5): 994-1010.

[64] KRUGMAN P. A model of balance-of-payments crises [J]. Journal of Money, Credit and Banking, 1979, 11 (3): 311-325.

[65] KUTSOATI E. Debt - contingent inflation contracts and targets [J]. Journal of Economic Dynamics & Control, 2002, 26 (3): 399-421.

[66] LIU P, SHAO Y, YEARGER T J. Did the repeated debt ceiling controversies embed default risk in US treasury securities? [J]. Journal of Banking & Finance, 2009, 33 (8): 1464-1471.

[67] LUCKETT D G. On maturity measures of the public debt [J]. Quarterly Journal of Economics, 1964, 78 (1): 148-157.

[68] MAKIN J H. Real interest, money supply, anticipated inflation and fiscal deficit [J]. Review of Economics and Statistics, 1983, 65: 374-384.

[69] MARCOS C. Can debt crises be self - fulfilling? [J]. Journal of Development Economics, 2007, 82 (1): 234-244.

[70] MCCALLUM B T. Are bond-financed deficits inflationary? [J]. Journal of Political Economy, 1984 (92): 123-135.

[71] MENDOZA E G, OVIEDO P M. Public debt, fiscal solvency and macroeconomic uncertainty in Latin America: the case of Brazil, Colombia, Costa Rica and Mexico [J]. Economia Mexicana NUEVA ÉPOCA, 2009, 18 (2) :133-173.

[72] MEHL A, REYNAUD J. Risky public domestic debt composition in emerging economies [J]. Journal of International Money and Finance, 2010, 29 (1): 1-18.

[73] MODIGLIANI F, SUTCH R C. Innovations in interest rate policy [J]. American Economic Review, 1966 (56): 178-197.

[74] MODIGLIANI F. Long-run implications of alternative fiscal policies and the burden of the national debt [J]. Economic Journal, 1961 (71): 730-755.

[75] PARK N H. Steady-state solutions of optimal tax mixes in an overlapping generations model [J]. Journal of Public Economics, 1991, 46 (2): 227-246.

[76] PLOSSER C L. Government financing decisions and asset returns [J]. Journal of Monetary Economics, 1982, 9 (3): 325-352.

[77] PRESCOTT E C. Theory ahead of business cycle measurement [J]. Federal Reserve Bank of Minneapolis Quarterly Review, 1986, 10 (4): 9-22.

[78] QUINTOS C E. Sustainability of the deficit process with structural shifts [J]. Journal of Business and Economic Statistics, 1995, 13 (4): 409-417.

[79] RAMSEY F P. A contribution to the theory of taxation [J]. Economic Journal, 1927, 37 (145): 47-61.

[80] RANKIN N, ROFFIA B. Maximum sustainable government debt in the overlapping generations model [J]. The Manchester School, 2003, 71 (3): 217-241.

[81] REINHART C M. Credit ratings, default, and financial crises: evidence from emerging markets [J]. World Bank Economic Review, 2002, 16 (2): 151-170.

[82] ROCHA F. Long-run limits on the brazilian government debt [J]. Revista Brasileira de Economia, 1997, 51 (4): 447-470.

[83] ROMER P M. Increasing returns and long-run growth [J]. Journal of Political Economy, 1986, 94 (5): 1002-1037.

[84] ROMER P M. Growth based on increasing returns due to specialization [J]. American Economic Review, 1987, 77 (2): 56-62.

[85] RUGE-MURCIA F J. Government expenditure and the dynamics of high inflation [J]. Journal of Development Economics, 1999, 58 (2): 333-358.

[86] SAINT-PAUL G. Fiscal policy in an endogenous growth model [J]. Quarterly Journal of Economics, 1992, 10 (7): 91-104.

[87] SCHMID T R. Early warning of debt rescheduling [J]. Journal of Banking & Finance, 1984, 8 (2): 357-370.

[88] SIMES, CHRISTOPHER A. Macroeconomics and reality [J]. Econometrica, 2001 (48): 1-48.

[89] SUTHERLAND A. Fiscal crises and aggregate demand: can high public debt reverse the effects of fiscal policy? [J]. Journal of Public Economics, 1997, 65 (2): 147-162.

[90] UCTUM M, WICKENS M R. Debt and deficit ceilings and sustainability of fiscal policies: an intertemporal analysis [J]. Oxford Bulletin of Economics and Statistics, 2000, 62 (2): 197-222.

[91] URIBE M. A fiscal theory of sovereign risk [Z]. European Central Bank Working Paper, 2002: 187.

[92] WILCOX D. Social security benefits, consumption expenditure, and the life cycle hypothksis [J]. Journal of Political Economy, 1989a, 97 (2): 288-304.

[93] WILCOX D. The sustainability of government deficits: implications of the present-value borrowing constraint [J]. Journal of Money, Credit and Banking, 1989b, 21 (3): 291-306.

[94] YAKITA A. Sustainability of public debt, public capital formation, and

endogenous growth in an overlapping generations setting ［J］. Journal of Public Economics, 2008（92）: 897-914.

［95］ 格雷钠.财政政策与经济增长［M］.郭庆旺,杨铁山,译.北京:经济科学出版社,2001.

［96］ 汉森.二十世纪六十年代的经济问题［M］.张伯健,朱基俊,王运成,译.北京:商务印书馆,1964.

［97］ 萨缪尔森,诺德豪斯.经济学［M］.16版.萧琛,等,译.北京:华夏出版社,1999.

［98］ 布坎南,瓦格纳.赤字中的民主［M］.刘廷安,罗光,译.北京:北京经济学院出版社,1988.

［99］ 财政赤字与国债研究课题组.我国国债规模的现状分析与对策［J］.管理世界,1998（6）: 56-68.

［100］ 陈共,类承曜.关于我国债务负担率及债务依存度的考察［J］.财政研究,2002（11）: 2-6.

［101］ 陈华,陈红时.国债对通货膨胀的不自觉推动［J］.财经科学,1998（3）: 53-56.

［102］ 陈海秋,王涛,魏薇.论国债风险的识别及其财政政策效应［J］.保险职业学院学报,2009（3）:14-17.

［103］ 陈时兴.中国转型期国债的金融分析［M］.北京:中国社会科学出版社,2001.

［104］ 陈志勇.论国债债务风险及其控制［J］.财贸经济,2000（11）: 20-23.

［105］ 李嘉图.政治经济学及赋税原理［M］.郭大力,王亚南,译.北京:商务印书馆,1962.

［106］ 邓燕,高见.加强财政赤字管理抑制通货膨胀［J］.广西大学学报:哲学社会科学版,1996（1）: 27-31.

［107］ 邓子基,杜放.抑制通货膨胀与适度从紧的财政、货币政策［J］.财经问题研究,1996（9）: 3-9.

［108］ 丁忠明.我国国债风险分析及防范对策［J］.数量经济技术经济研究,2001（5）: 17-20.

［109］ 董文泉,高铁梅,姜诗章,等.经济周期波动的分析与预测方法［M］.长春:吉林大学出版社,1998.

［110］ 董莉莎,朱映瑜.宏观经济变量对中国国债风险溢价影响的实证研究——基于上海证券交易所的交易数据［J］.南方金融,2011（2）: 9-12.

［111］ 费希尔,多恩布什,斯塔兹.宏观经济学［M］.10版.王志伟,译.北京:中国人民大学出社,2010.

[112] 樊纲.论"国家综合负债"——兼论如何处理银行不良资产 [J]. 经济研究，1999（5）：11-17.

[113] 高坚.中国国债——国债的理论与实务 [M]. 北京：经济科学出版社，1995.

[114] 高培勇.公债经济学导论 [M]. 长沙：湖南人民出版社，1989.

[115] 高培勇.国债运行机制研究 [M]. 北京：商务印书馆，1995.

[116] 高培勇.论举借国债的经济作用机制 [J]. 经济研究，1996（9）：24-31.

[117] 高铁梅，王金明，梁云芳，等.计量经济分析方法与建模：EViews 应用及实例 [M]. 2版.北京：清华大学出版社，2009.

[118] 高勇强，贺远琼.中国内部国债发行规模的影响因素实证分析 [J]. 管理科学，2003（5）：43-47.

[119] 龚仰树.关于我国国债数量规模的探讨 [J]. 财政研究，1998（1）：9-14.

[120] 管圣义，刘邦驰.我国国债规模与限度的分析 [J]. 数量经济技术经济研究，1999（7）：3-6.

[121] 郭红玉.国债宏观经济效应研究 [M]. 北京：对外经济贸易大学出版社，2005.

[122] 郭庆旺，赵志耘.中国财政赤字的规模与作用 [J]. 经济理论与经济管理，2002（2）：35-41.

[123] 郭玉清.中国财政周期性波动的经济稳定效应分析 [J]. 中央财经大学学报，2007（1）：1-6.

[124] 韩文秀，刘成.财政金融政策若干问题的国际经验和启示 [J]. 经济研究参考，1999（3）：2-14.

[125] 洪源，罗宏斌.财政赤字的通货膨胀风险——理论诠释与中国的实证分析 [J]. 财经研究，2007（4）：85-95.

[126] 黄坤.影响国债发行规模因素的实证分析 [J]. 财会研究，2001（11）：9-11.

[127] 纪凤兰，张巍.国债规模的实证分析 [J]. 财经问题研究，2004（7）：55-58.

[128] 季栋伟，朴明根，任烨.我国国债风险预警系统的构建及其实证检验 [J].青岛大学学报：自然科学版，2011（3）：71-76.

[129] 博丹.论主权 [M]. 北京：中国政法大学出版社，2003.

[130] 贾康，江旭东.防范国债风险的政策设计 [J]. 财经科学，2000（3）：25-28.

[131] 贾康，赵全厚.国债适度规模与我国国债的现实规模 [J]. 经济研究，2000（10）：46-54.

[132] 靳俐，杨志勇.财政风险与国债结构管理——从国债再融资角度的分析 [J].
中央财经大学学报，2003（1）：29-32.

[133] 李达昌，曹萍，高燕.通货膨胀、赤字、财政政策 [J]. 四川财政，1996
（10）：32-37.

[134] 李伟.中国国债风险状况的实证分析及模型研究 [J]. 中央财经大学学报，
2009（6）：6-10.

[135] 李永友，周达军.投资需求、利率机制与我国财政政策的有效性 [J]. 数
量经济技术经济研究，2007（5）：12-21.

[136] 刘邦弛.国债理论限度与实践分析 [J]. 财经科学，2001（6）：
79-82.

[137] 刘金全.现代宏观经济冲击理论 [M]. 长春：吉林大学出版社，2000.

[138] 刘国光.当前宏观经济走势及政策取向 [J]. 经济学动态，2002（1）：4-7.

[139] 刘溶沧，马拴友.赤字、国债与经济增长关系的实证分析——兼评积极财政
政策是否有挤出效应 [J]. 经济研究，2001（2）：13-28.

[140] 刘溶沧，夏杰长.中国国债规模:现状、趋势及对策 [J]. 经济研究，1998
（4）：13-20.

[141] 刘尚希.财政风险：从经济总量角度的分析 [J]. 管理世界，2005（7）：
31-39.

[142] 刘尚希，等.宏观金融风险与政府财政责任 [M]. 北京：中国财政经济出
版社，2006.

[143] 类承曜.国债理论分析 [M]. 北京：中国人民大学出版社，2002.

[144] 罗嗣红.我国财政赤字与国债的挤出效应研究 [J]. 中南财经政法大学学
报，2003（4）：21-26.

[145] 吕冰洋，崔兴芳.影响国债发行规模的经济因素分析 [J]. 财经论丛，
2005（5）：58-62.

[146] 马拴友，于红霞，陈启清.国债与宏观经济的动态分析 [J]. 经济研究，
2006（4）：35-46.

[147] 麦元勋.运用动态债务理论对我国国债风险的考量 [J]. 统计与决策，
2006（10）：9-11.

[148] 凯恩斯.就业、利息和货币通论 [M]. 徐毓枬，译.北京：商务印书馆，
1996.

[149] 莫迪利亚尼.资本结构理论研究译文集 [M]. 卢俊，译.上海：上海三联
书店，2003.

[150] 彭兴韵.论现代国债功能的转变 [J]. 金融研究，1997（9）：22-27.

[151] 萨伊.政治经济学概论 [M].陈福生，陈振骅，译.北京：商务印书馆，1963.

[152] 史永东.中国转轨时期财政政策效应的实证分析 [J]. 经济研究，1999（2）：34-38.

[153] 司吉红.我国国债发行规模的影响因素及其实证研究 [J]. 郑州航空工业管理学院学报，2006（2）：149-157.

[154] 托洛维斯基 J.宏观经济动态学方法 [M]. 2版.王根蓓，译.上海：上海财经大学出版社，2002.

[155] 斯蒂格利茨.经济学 [M]. 2版.高鸿业，等，译.北京：中国人民大学出版社，2000.

[156] 宋福铁.我国国债宏观经济效应的实证研究 [J]. 郑州航空工业管理学院学报，2006（4）：61-64.

[157] 宋科，陶元春.国债挤出效应及其对宏观政策的启示 [J]. 财会研究，2001（10）：6-8.

[158] 孙敬水，朱云高.我国国债风险的实证分析 [J]. 统计研究，2000（10）：36-41.

[159] 埃思里奇.应用经济学研究方法论 [M]. 2版.朱钢，译.北京：经济科学出版社，2007.

[160] 米尔斯 C.金融时间序列的经济计量学模型 [M]. 2版.愈卓青，译.北京：经济科学出版社，2002.

[161] 托宾.资产积累与经济活动——十年后的稳定化政策 [M]. 葛奇，乔依德，译.北京：商务印书馆，1992.

[162] 王维国，杨晓华.我国国债与经济增长关系的计量分析——兼论国债负担对国债经济增长效应的影响 [A] //第八届中国管理科学年会论文集 [C]. 中国管理科学研究会，2006.

[163] 魏陆.我国国债规模的可持续性及其风险分析 [J]. 财经研究，2001（9）：52-56.

[164] 肖宇.中国国债市场——发展、比较与前瞻 [M]. 北京：社会科学文献出版社，1999.

[165] 邢大伟.影响国债发行规模诸因素的实证分析 [J]. 当代财经，2003（9）：40-42.

[166] 许雄奇，胡兵.财政赤字与货币供给 [J]. 财经问题研究，2006（10）：56-59.

[167] 许毅.中国的国债问题 [M]. 北京：中国经济出版社，1993.

[168] 斯密.国民财富的性质和原因的研究（下卷）[M]. 郭大力，王亚南，译.北京：商务印书馆，1981.

[169] 阎坤.积极财政政策与通货膨胀关系研究 [J]. 财贸经济，2002（4）：

32-38.

[170] 杨奎斯特，萨金特.递归宏观经济理论［M］.陈严斌，王忠玉，译.北京：中国人民大学出版社，2005.

[171] 杨文奇，李艳.国债挤出效应的实证分析［J］. 山西财经大学学报，2005（3）：100-103.

[172] 姚新民.治理通货膨胀的财政政策选择［J］. 财经研究，1995（2）：22-25.

[173] 叶汉生，林桢.防范潜在财政风险，适度控制国债规模［J］. 中南财经政法大学学报，2004（1）：73-79.

[174] 叶子荣，何代欣.测度国债规模的理论阐释：基于制度变迁的视角［J］. 公共管理学报，2009（2）：108-113.

[175] 余国峰.国债的经济效应分析［J］. 经济学动态，1997（6）：39-42.

[176] 于晓洁.论我国国债风险综合评价和预警体系的建立［D］. 济南：山东大学，2006.

[177] 张桥云.对八十年代以来我国国债总量扩张及趋势的分析［J］.西南金融，1997（12）：1-5.

[178] 袁磊.论我国国债与通货膨胀的关系［J］. 当代财经，1996（11）：32-35.

[179] 曾军.对近期国债政策取向的思考［J］. 统计研究，2003（2）：36-38.

[180] 布坎南，费劳尔斯.公共财政［M］. 赵锡军，译.北京：中国财政经济出版社，1991.

[181] 汉米尔顿 D.时间序列分析［M］. 刘明志，译.北京：中国社会科学出版社，1999.

[182] 托宾.通向繁荣的政策——凯恩斯主义论文集［M］. 何宝玉，译.北京：经济科学出版社，1998.

[183] 张澜.我国国债规模控制及国际比较［J］. 合作经济与科技，2010（3）：64-66.

[184] 张银政.中国国债规模浅论［J］. 现代财经，1997（10）：54-57.

[185] 赵毅.国债规模与国债市场金融功能的发挥［J］. 南开经济研究，2005（2）：99-100.

[186] 周四军，谢腾云.我国国债发行规模的计量分析［J］. 经济数学，2006（2）：152-157.

[187] 朱平芳，张人骥，刘弘.中国国债的实证研究（二）：国债的因素分析［J］.数量经济技术经济研究，1996（7）：56-61.

[188] 朱世武，应惟伟.国债发行规模的实证研究［J］. 金融研究，2000（11）：49-57.

附录

表1　　　　　　　　　国债与价格指数相关变量（实际值）　　　　　　　单位：亿元

年份	国债余额	国债发行量	国内生产总值	CPI（1978=100）	PPI（1978=100）	M2
1981	44.27	44.27	4 450.79	112.2	102.2	2 156.33
1982	80.45	40.23	4 851.76	114.4	102.0	2 541.54
1983	112.98	37.63	5 380.32	116.7	101.9	3 848.34
1984	149.28	36.25	6 196.84	119.9	103.3	4 018.09
1985	174.64	47.81	7 031.59	131.1	112.3	4 054.63
1986	232.45	46.41	7 654.92	139.6	116.6	5 007.00
1987	284.54	82.58	8 540.70	149.8	125.8	5 900.50
1988	376.37	119.47	9 503.04	177.9	144.7	6 380.38
1989	469.31	144.49	9 889.43	209.9	171.6	6 954.60
1990	545.35	191.04	10 268.53	216.4	178.6	8 412.38
1991	621.04	181.16	11 212.64	223.8	189.7	9 960.90
1992	683.83	193.09	12 809.22	238.1	202.6	12 085.45
1993	760.11	217.98	14 595.39	273.1	251.2	14 407.81
1994	861.62	389.56	16 505.45	339.0	300.2	16 069.04
1995	959.69	436.32	18 309.85	396.9	344.9	18 296.83

续表

年份	国债余额	国债发行量	国内生产总值	CPI（1978=100）	PPI（1978=100）	M2
1996	1 087.53	654.09	20 143.37	429.90	354.9	21 866.43
1997	1 226.83	685.01	22 013.37	441.90	353.9	25 263.21
1998	1 723.75	1 094.48	23 737.54	438.40	339.4	29 389.45
1999	2 171.30	1 155.57	25 549.19	432.20	331.2	34 159.21
2000	2 720.83	1 289.73	27 699.86	434.00	340.5	38 627.95
2001	3 356.59	1 281.34	29 999.99	437.00	336.1	43 309.00
2002	4 345.59	1 795.37	32 726.60	433.50	328.7	50 315.92
2003	5 502.15	2 254.02	36 007.27	438.70	336.2	58 647.25
2004	5 826.71	2 056.15	39 637.91	455.80	356.7	62 776.64
2005	6 303.67	1 915.16	44 120.78	464.00	374.2	71 274.57
2006	6 524.20	2 263.74	49 713.60	471.00	385.4	79 421.07
2007	9 809.29	5 038.83	56 754.30	493.60	397.4	86 131.95
2008	9 437.24	1 706.91	62 222.46	522.70	424.8	94 145.74
2009	10 630.31	3 272.79	67 955.64	519.00	401.9	121 642.29
2010	11 154.09	3 345.02	75 107.70	536.10	424.0	135 779.13
2011	11 053.46	2 653.10	81 147.93	558.08	449.4	146 544.02

注：CPI和PPI为1978年=100的基期值，其他变量为平减后的实际值。

数据来源：《中国统计年鉴1995》、《中国统计年鉴2000》、《中国统计年鉴2005》、《中国统计年鉴2010》和Wind金融资讯终端。

表2　　1981—2011年国债与中央财政收入数据（实际值）　　单位：亿元

年份	国债负担率（%）	财政收入	财政赤字	财政收入占国内生产总值的比重（%）
1981	0.995	283.04	34.40	6.359
1982	1.658	316.11	−16.09	6.515
1983	2.100	442.15	−38.41	8.218
1984	2.409	572.11	−50.00	9.232
1985	2.484	600.24	0.44	8.536
1986	3.037	579.92	−61.76	7.576
1987	3.332	521.49	−44.50	6.106
1988	3.960	489.44	−84.63	5.150
1989	4.746	478.70	−92.47	4.841
1990	5.311	545.90	−80.58	5.316

续表

年份	国债负担率（%）	财政收入	财政赤字	财政收入占国内生产总值的比重（%）
1991	5.539	482.99	−122.07	4.308
1992	5.339	466.02	−123.14	3.638
1993	5.208	395.52	−121.17	2.710
1994	5.220	995.34	−196.75	6.030
1995	5.241	980.82	−175.14	5.357
1996	5.399	1 036.10	−149.87	5.144
1997	5.573	1 178.23	−162.35	5.352
1998	7.262	1 375.84	−259.43	5.796
1999	8.498	1 666.45	−496.75	6.523
2000	9.823	1 951.32	−695.54	7.045
2001	11.189	2 348.11	−688.49	7.827
2002	13.278	2 825.37	−856.56	8.633
2003	15.281	3 145.54	−778.08	8.736
2004	14.700	3 595.69	703.28	9.071
2005	14.287	3 948.01	862.50	8.948
2006	13.124	4 701.36	1 487.49	9.457
2007	17.284	5 924.84	2 368.38	10.439
2008	15.167	6 475.07	−219.96	10.406
2009	15.643	7 159.45	−1 474.49	10.535
2010	14.851	7 944.61	−1 214.85	10.578
2011	13.621	7 891.71	−893.11	9.725

注："财政赤字"一栏中负数为财政赤字，正数为财政盈余，两个变量为平减后的实际值。

数据来源：《中国统计年鉴1995》、《中国统计年鉴2000》、《中国统计年鉴2005》、《中国统计年鉴2010》和Wind金融资讯终端。